무민 손뜨개 양말

Original title: Onnelliset villasukat – Aakkosmatka Muumilaaksoon
Published in the Korean language by arrangement with Rights & Brands.
©Moomin Characters™

이 책의 한국어판 저작권은 서울머천다이징 에이전시를 통한 저작권자와의 독점 계약으로 지금이책에 있습니다.
신 저작권법에 의해 한국 내에서 보호를 받는 저작물이므로 무단전재와 무단복제를 금합니다.

기획 편집: 린다 페르만토
손뜨개 디자인: 피료 이보넨, 마리타 카를손, 민나 메트세넨, 소냐 뉘케넨, 시스코 셀페키비, 민투 비크베리
도안: 야나 에툴라
사진: 루페 페르만토
촬영 장소: 핀란드 남부 사보 푼카하류 호텔
작품 사진: 노비타 www.novitaknits.com
그래픽 디자인과 레이아웃: 베늘라 코스키, 페이비 푸스티넨

대바늘로 그리는 무민 이야기
무민 손뜨개 양말

초판 1쇄 인쇄　2025년 9월 20일
초판 1쇄 발행　2025년 9월 30일

지은이	린다 페르만토
옮긴이	이순선
펴낸이	최정이
펴낸곳	지금이책
등록	제2015-000174호
주소	경기도 고양시 일산서구 킨텍스로 410
전화	070-8229-3755
팩스	0303-3130-3753
이메일	now_book@naver.com
블로그	blog.naver.com/now_book
인스타그램	nowbooks_pub
ISBN	979-11-88554-86-7 (13590)

이 책의 본문은 '을유1945' 서체를 사용했습니다.
* 이 책 내용의 전부 또는 일부를 이용하려면 반드시 저작권자와 지금이책의 서면 동의를 받아야 합니다.
* 잘못되거나 파손된 책은 구입하신 서점에서 교환해드립니다.
* 책값은 뒤표지에 있습니다.

대바늘로 그리는 무민 이야기

무민 손뜨개 양말

린다 페르만토 엮음 · 이순선 옮김

토베 얀손의
동화를 모티브로 한
29가지 디자인

지금책

차례

서문 9

무민 팬들을 위한
모든 사이즈의 양말 11

텐션(게이지)
확인하기 12

헤물렌의 꽃 수집 14

베리 따기 20

빗속에서 춤추기 26

행복한 스니프 32

스노크메이든을 위한 꽃 38

밈블의 허브 정원 44

반짝이는 모든 것 50

헤물렌의 정원 54

혼자서 생각하는 투티키 60

크리스마스 다가오네 66

진주를 찾아 풍덩 72

방랑자 76

무민의 집 80

보이지 않는 아이 86

장미 덩굴 90

프리마돈나의 말 96

그로크 조심 104

로맨틱한 무민들 112

여름날 118

눈 속에서 느끼는 재미 124

졸린 스노크메이든 128

서두르는 무민트롤 134

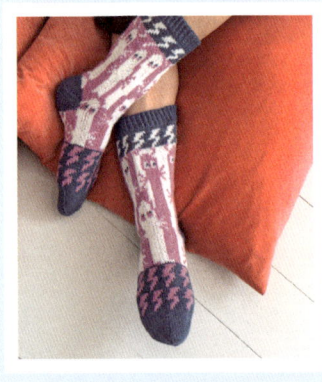
해티패트너들이 온다 138

여기가 바로 그곳 142

낚시하러 가는 스너프킨 146

낮잠 시간 150

당신을 위한 양말 156

무민의 포옹 166

바다의 밤 170

**그리고 바닥 위로 두 개의 울 양말이 뒤뚱뒤뚱 걸어와
무민 앞에 놓였어요.**

《무민의 겨울》

서문

양말 뜨는 분들께,

모험이 곧 다가올지도 모릅니다. 모험은 소파 구석, 책의 페이지에서 시작됩니다. 책을 손에 들고 낯선 땅과 설레는 내일을 향해 여행을 떠날 때는 발끝이 시리지 않게 하는 것이 중요합니다.

때때로 여행 중에 좁은 길을 따라서 가야 할 때도 있습니다. 한 걸음 한 걸음 낯선 땅을 밟으며 미끄러운 바위 위에 발 디딜 곳을 찾아야 할 때도 있습니다. 일단 목적지에 도착하면 짐을 풀고 잠시 휴식을 취합니다.

이때 위로의 말과 포근한 양말이 도움이 될 수 있습니다. 한여름 저녁에도 배낭에 뜨개 양말 한 켤레를 넣어두세요. 그러면 해가 지는 것을 바라보며 야외에 앉아 있다가 밤의 쌀쌀한 기운에 발이 시려서 실내로 들어갈 필요가 없습니다. 친구와 함께 발끝을 맞대고 오래 머물러보세요! 세상이 제자리를 찾고 해가 지고 뜨는 것을 지켜보세요.

늦가을의 밤, 따뜻한 양말을 신은 여러분은 호수 옆 부두에서 춤을 추게 될지도 몰라요. 어둠 속에서 랜턴을 켜고 잔디밭을 행복하게 누비다가 조용히 잠자리에 들어가 잠들 수 있습니다.

겨울 아침, 일어나자마자 밤새 쌓인 눈을 뽀득뽀득 밟으며 달려보세요. 울 양말은 눈에 발이 젖지 않게 막아주고 따뜻함을 지켜줍니다.

사랑으로 뜨개질한 양말을 받는 사람은 누구나 기뻐할 것입니다. 놀라운 아이디어, 감동적인 순간, 미래의 모험에 대한 희망이 한 땀 한 땀에 담겨 있습니다. 조용히 방으로 들어가든 넓은 세상으로 나가든, 따뜻한 양말을 신으면 어디를 가든 마치 안아주는 것 같은 기분이 들 거예요.

-파울라 니부코스키Paula Nivukoski

당신은 무민마마처럼 모성애가 넘치고 온화한가요? 아니면 꼬마 미이처럼 작고 사나운가요? 토베 얀손의 멋진 캐릭터를 통해 내면의 무민을 발견하고 기쁨과 위로, 지혜를 얻은 모든 분을 위해 이 뜨개 양말 책을 만들고 싶었습니다.

이 책에는 핀란드 최고의 니트 디자이너들이 토베 얀손의 멋진 세계에서 영감을 받아 만든 29가지 독특한 양말 도안이 담겨 있습니다. 이 섬세한 페어아일fair isle 무늬를 디자인하려면 많은 상상력과 기술력이 필요했습니다. 각 지시사항을 이해하기 쉽게 만드는 것 또한 그 자체로 예술적 작업이었습니다. 뜨개질은 골치 아픈 일이 아니라 편안하고 재미있어야 합니다.

이 책에 수록된 29가지 멋진 양말은 무민×노비타Moomin×Novita 뜨개실을 사용해서 떴습니다. 이 실에는 핀란드산임을 나타내는 키 플래그 표시가 있습니다.

또한 이 책에는 무민의 세계에서 볼 수 있을 법한 독특한 촬영 장소가 필요했습니다. 생명과 자연, 역사가 살아 숨 쉬면서 온기가 느껴지는 곳 말이죠. 우리는 핀란드의 호수 지역, 남쪽 사보에 있는 푼카하류 호텔에서 마법 같은 아름다움이 있는 곳을 찾았습니다.

이 책 제작에 참여한 모든 분께 감사드립니다. 이 멋진 동화를 바탕으로 손뜨개 양말 도안집을 만드는 데 동참해주셔서 감사합니다. 책장을 넘기다 보면 따뜻한 뜨개 양말을 신은 발소리가 들릴 것만 같습니다.
선물 같은 뜨개 양말을 만들어보세요.

-린다 페르만토Linda Permanto

무민 팬들을 위한 모든 사이즈의 양말

일단 도전! 지시사항을 따르세요

밈블부터 그로크까지, 아기부터 할아버지까지, 남녀 노소를 가리지 않고 모든 사이즈의 발을 따뜻하게 유지해주는 양말을 만들고자 했습니다. 이 책의 지시사항은 권장 신발사이즈와 함께 제공되지만, 자신의 발사이즈에 맞게 조정할 수 있습니다. 그러니 마음에 드는 디자인에 자신에게 꼭 맞는 사이즈가 없다고 해서 실망하지 마세요. 어차피 개개인의 발 모양은 표준 신발사이즈와 차이가 있으므로 신을 사람의 발에 맞게 사이즈를 조정해가면서 떠야 완벽한 핏을 얻을 수 있습니다. 양말의 주요 부분은 페어아일 디자인으로, 핏을 고려할 때 염두에 두어야 합니다. 가로 배색무늬가 들어간 페어아일은 단색의 메리야스뜨기 편물만큼 신축성이 좋지 않기 때문에 양말이 많이 움직이지 않습니다. 하지만 페어아일 무늬 양말은 한 번 신어서 모양이 잡히면 다음번에 신을 때까지 잘 유지되기도 합니다. 해당 페이지에서는 이런 무늬의 특성을 염두에 두고 양말 사이즈를 변경하는 방법에 대한 조언을 찾을 수 있습니다.

먼저 스와치를 떠서 게이지 내는 것을 잊지 마세요!

바늘 호수 바꾸기

이 책의 양말은 종아리가 가는 분들을 위해 다리에 꼭 맞도록 디자인되었습니다. 더 낙낙한 양말을 원한다면 더 큰 호수의 바늘을 사용해서 도안을 뜨면 됩니다. 같은 방법으로 작은 호수의 바늘로 작업해 양말 둘레를 더 좁게 만들 수도 있습니다. 어린이용 양말을 만들 때 이 방법이 쓰이지요. 양말 전체의 바늘 호수를 바꿀지, 아니면 페어아일 부분만 교체할지는 뜨는 사람이 결정하면 됩니다. 이 방법으로 호수를 변경하면 모든 양말 도안에 적용할 수 있어요. 특히 페어아일 디자인이 까다롭고 콧수를 변경하면 무늬에 큰 영향을 미칠 수 있는 도안에 유용합니다. 예를 들면, 바늘 호수를 변경해 '장미 덩굴' 양말(90쪽)을 더 작거나 크게 만들 수 있습니다.

메리야스뜨기에서 콧수나 단수 바꾸기

바늘 호수를 바꾸는 것 외에 양말 사이즈를 바꾸는 가장 쉬운 방법은 메리야스뜨기에서 한 가지 색상으로 작업하는 부분을 줄이거나 늘리는 것입니다. 이 책의 일부 도안에서는 발을 부분적으로 또는 전체적으로 한 가지 색상으로 작업했습니다. 사랑스러운 '여름날' 양말(118쪽)이나 섬세한 '프리마돈나의 말' 양말(96쪽) 등이 여기에 해당합니다. 단색으로 뜨는 양말은 원하는 길이가 될 때까지 필요한 만큼 여러 단 뜨면 됩니다. 다만, 양말이 신을 사람의 새끼발가락을 덮으면 발끝 코줄임을 시작해야 한다는 점을 기억하세요.

너비를 변경하려면 콧수를 늘리거나 줄여야 합니다. 거짓 코줄임을 몇 번 더 하면 양말의 발 부분이 더 좁아집니다. 종아리를 더 낙낙하게 만들려면 코를 더 추가해야 합니다. 예를 들어 '보이지 않는 아이' 양말(86쪽)은 페어아일 패널의 양옆 배경색에 코늘림을 해서 더 넓게 만들 수 있습니다. 뒤꿈치에 도달하면 이 여분의 코를 줄이는 것을 잊지 마세요.

무늬 반복 횟수 늘리거나 줄이기

페어아일 무늬에서 크기를 변경하는 편리한 방법은 디자인이 허용하는 경우 무늬 반복 횟수를 늘리거나 줄이는 것입니다. 물론 이 작업은 가로로도 세로로도 할 수 있습니다. '베리 따기' 양말(20쪽)과 '밈블의 허브 정원' 양말(44쪽) 등에서는 필요한 길이로 반복하는 작업이 지시사항의 일부로 안내되어 있습니다. 이러한 도안에서는 페어아일 디자인을 필요한 만큼 반복하면 됩니다.

그럼 이제 무민에서 영감을 받은 양말의 세계에 빠져보세요. 완벽한 뜨개 양말을 만들기 위해 사이즈를 조정하는 것을 두려워하지 말고요.
행복하게 뜨개질하세요!

-노비타 도안 디자인 팀

텐션(게이지) 확인하기

모든 도안은 텐션(게이지)을 명시하는 것으로 시작됩니다. 따라서 먼저 스와치를 뜨고 지시사항과 동일한 텐션으로 뜨고 있는지 확인하는 것이 중요합니다. 뜨고 있는 편물이 더 타이트하거나 느슨하면 양말이 도안에 명시된 것과 같은 크기가 되지 않습니다.

스와치 뜨기

먼저 스와치를 뜨세요. 양말을 뜨는 데 사용할 실, 바늘, 뜨개질 기법으로 뜨세요. 스와치를 가로세로 10cm 면적에서 콧수와 단수를 셀 수 있을 만큼 충분히 넓게 만듭니다. 스와치를 평평한 표면에 놓고 가볍게 스팀을 쐬어 블로킹합니다. 핀으로 가로와 세로로 10cm를 표시합니다. 그 안에 들어가는 콧수와 단수를 세어봅니다.

고무뜨기 편물의 텐션을 측정할 때는 콧수를 셀 때 스와치를 약간 늘려서 세도록 하세요. 이렇게 하면 실제로 편물을 뜰 때 너무 커지지 않습니다.

적절한 텐션 잡기

스와치에서 도안에 표시된 것과 같은 텐션이 나오지 않으면 바늘의 호수를 바꿔 텐션을 조정하세요. 스와치의 10cm당 콧수와 단수가 너무 적거나 편물이 너무 느슨하면 더 작은 호수의 바늘로 교체하세요. 스와치의 10cm당 콧수와 단수가 너무 많으면 편물이 너무 빡빡한 것이므로 더 큰 호수의 바늘이 필요합니다. 항상 새 스와치를 떠서 텐션이 적절한지, 최종 결과물이 올바른 크기가 될지 확인하세요. 지시사항에 명시된 실과 다른 실을 사용하는 경우 명시된 것보다 더 많거나 적은 양이 필요할 수 있다는 점을 기억하세요.

실

이 책에 소개된 모든 양말은 무민×노비타 제품군인 무미탈로Muumitalo(무민의 집)와 무미하흐모트Muumihahmot(무민 캐릭터) 실을 사용했습니다. 후비레트키Huviretki(모험) 실은 같은 텐션으로 뜰 수 있지만 실의 성분 때문에 심한 마찰에 견디지 못하므로 양말의 발 부분에는 권장하지 않습니다.

참고: 주요 기법과 용어

바늘비우기: 바늘 사이의 실을 편물 앞으로 가져와 오른손 바늘 위로 걸고 다음 코를 뜰 준비를 한다.
오른코줄임: 겉뜨기하듯이 1코걸러뜨기, 진행 중인 실을 사용해서 겉뜨기 1코, 걸러뜨기한 코를 겉뜨기한 코 위로 덮어씌운다.
왼코줄임: 2코를 함께 겉뜨기한다.
ssk(slip, slip, knit)코줄임: 오른쪽바늘로 2코걸러뜨기, 걸러뜨기한 코를 왼쪽바늘로 옮긴다, 뒷가닥에 넣어 2코를 함께 겉뜨기한다.
코늘림: 코와 코 사이의 가닥을 주워 겉뜨기한다. 일반적인 코늘림은 편물 앞에서 가닥을 주워 뒷가닥에 겉뜨기하는 m1l(make 1 left)코늘림이며, 편물 뒤에서 가닥을 주워 앞가닥에 겉뜨기하는 m1r(make 1 right)코늘림의 경우 지시사항에서 풀어서 설명했다.
코줍기: 가닥을 주워 바늘에 걸어서 코로 만든다. 일반적으로 코줍기는 코를 주워 겉뜨기하는 것까지 의미하지만, 이 책에서는 줍기와 겉뜨기 동작을 구분한다.
~: ~의 지시를 반복한다.

거싯gusset: 양말목에 추가된 삼각형 모양의 조각이나 삽입물. 착용 시 편안함을 주고 움직임을 자유롭게 한다.
플로트float: 배색뜨기를 할 때 사용되지 않고 편물 안면에 걸쳐지는 실.
힐플랩heel flap: 양말 뒤꿈치 부분에 추가된 부분. 내구성을 강화하고 발뒤꿈치를 편안하게 하며 디자인에도 특징을 부여한다.

	신발사이즈 UK	신발사이즈 EU	신발사이즈 US 여성	신발사이즈 US 남성	신발사이즈 US 아동	양말 둘레	양말목 콧수
양말치수표	아동용 5	22			C6	16cm	40
	아동용 8½	26			C9½	18cm	44
	아동용 11½	30			C12½	20cm	48
	1½	34	4	2½		22cm	52
	5	38	7½	6		24cm	56
	8	42	10½	9		26cm	60
	11	46	13½	12		28cm	64

힐플랩 콧수와 단수	뒤꿈치 코줄임 콧수 분배	힐플랩 가장자리에서 줍는 콧수	발끝 코줄임 전 발 길이	전체 발 길이
20	6+8+6	10+1	12cm	15cm
22	7+8+7	11+1	13cm	17cm
24	8+8+8	12+1	15cm	20cm
26	8+10+8	13+1	17cm	22cm
28	9+10+9	14+1	20cm	25cm
30	10+10+10	15+1	22cm	28cm
32	10+12+10	16+1	25cm	31cm

헤물렌의 꽃 수집
THE HEMULEN COLLECTING FLOWERS

이 양말의 양말목에는 꽃을 모으는 수집가 헤물렌이 표현되어 있습니다. 래더 백 자카드ladder back jacquard 기법을 사용해 작품 안면에 실이 길게 늘어지지 않게 서포트 스티치를 추가로 떠서 페어아일 무늬를 균일하게 유지하고 플로트가 생기는 것을 방지합니다. 이 양말은 고무뜨기 발목단과 보강된 뒤꿈치, 쐐기 모양 발끝wedge toe이 특징입니다.

디자이너 마리타 카를손Marita Karlsson

사이즈 UK 5/6(6½/7½), EU 38/39(40/41), US 여성 7½/8½(9/10), US 남성 6/7(7½/8½)

실
노비타 무미탈로 DK(8합/라이트 워스티드 굵기) 100g/225m
무민트롤 007(색상A 흰색) 2볼, 헤물렌 720(색상B 연보라) 1볼, 스너프킨 381(색상C 녹색) 1볼

실 소요량
두 사이즈 모두 색상A 200g, 색상B 100g, 색상C 50g

바늘
3mm 장갑바늘 혹은 정확한 게이지를 얻는 데 필요한 호수의 바늘

기법
원통으로 *꼬아고무뜨기*:
뒷가닥에 넣어 겉뜨기1, 안뜨기1, *~*을 반복한다.

원통으로 메리야스뜨기:
모든 단 겉뜨기한다.

원통으로 페어아일 뜨기:
무늬도안과 지시사항을 따라 메리야스뜨기한다. 4코 이상 걸쳐지는 플로트는 안면에서 실을 꼬아서 늘어지지 않게 잡아준다. 연속된 단에서 같은 위치에 플로트가 떨어지지 않도록 플로트 잡는 위치를 다양하게 할 것. 양말목의 플로트를 잡을 때는 래더 백 자카드 기법을 사용한다. 온라인에서 이 방법을 보여주는 동영상과 설명을 찾을 수 있다.

텐션(게이지) 페어아일 뜨기 29코=10cm

주의
양말은 발목단에서 발끝으로, 위에서 아래로 뜬다.

오른쪽 양말
색상C 실을 사용해서 80(84)코 만든다. 다음과 같이 4개의 바늘에 코를 나눈다: 바늘1과 바늘4에 각 26(28)코, 바늘2와 바늘3에 각 14(14)코. 단의 시작은 양말 뒤 바늘1과 바늘4 사이에 있다.
코가 꼬이지 않도록 조심하며 원통으로 이어서 꼬아고무뜨기로 4.5cm 뜬다. 실을 자른다.

80(84)코 모두를 사용해, 무늬도안1A의 1단을 참고해서 페어아일 무늬를 뜨기 시작한다. 무늬도안의 2~70단을 뜬다. 무늬도안에 표시된 곳에서 코줄임한다. **주의:** 큰 사이즈는 지시사항을 따를 때 항상 작은 사이즈의 코줄임 코를 겉뜨기 코로 취급하고 무늬도안 네모 칸에 보이는 색상의 실을 사용해 작업한다. 색상B과 색상C 실을 자르고, 색상A 실을 사용해서 6cm 메리야스뜨기한다.
코를 각 바늘에 13(14)코씩 균등하게 나눈다.

뒤꿈치
바늘1의 코를 겉뜨기해 바늘4로 옮기면서 뒤꿈치를 뜨기 시작한다[힐플랩 26(28)코]. 바늘2와 바늘3에 남은 코를 쉼코로 둔다. 편물을 뒤집는다. 다음과 같이 걸러뜨기 무늬를 시작해 뒤꿈치를 보강한다:
1단(안면): (실을 편물 앞에 두고) 1코걸러뜨기, 단 끝까지 안뜨기한다. 편물을 뒤집는다.
2단(겉면): *(실을 편물 뒤에 두고) 1코걸러뜨기, 겉뜨기1*, *~*을 단 끝까지 반복한다. 편물을 뒤집는다.
1~2단을 총 13(14)회 반복하고 다시 1단을 뜬다[총 27(29)단].

다음과 같이 프렌치 힐(둥근 뒤꿈치)을 뜨기 시작한다:
1단(겉면): (실을 편물 뒤에 두고) 1코걸러뜨기, 겉뜨기14(15), ssk코줄임, 겉뜨기1. 편물을 뒤집는다.
2단(안면): 안뜨기하듯이 1코걸러뜨기, 안뜨기5, 안뜨기로 2코 모아뜨기, 안뜨기1. 편물을 뒤집는다.
3단(겉면): 겉뜨기하듯이 1코걸러뜨기, 겉뜨기6, ssk코줄임, 겉뜨기1. 편물을 뒤집는다.
4단(안면): 안뜨기하듯이 1코걸러뜨기, 안뜨기7, 안뜨기로 2코 모아뜨기, 안뜨기1. 편물을 뒤집는다.

계속해서 이런 방식으로 양쪽 가장자리의 모든 코를 코줄임하는데, 각 단마다 중심의 콧수는 1코씩 늘어난다. 안면 단을 1단 더 뜬다. **주의:** 큰 사이즈에서는 마지막 코줄임한 후 단 끝에 겉뜨기1/안뜨기1 뜰 코가 남지 않을 것이다.
편물을 뒤집는다. 뒤꿈치 코를 2개의 바늘에 8코씩 나눠 옮긴다. 오른손 바늘의 코를 겉뜨기한다. 이 지점(뒷중심)이 이제 단의 시작이다.

발
뒤꿈치의 왼쪽 바늘(바늘1)의 8코를 겉뜨기한다. 여분의 바늘을 사용해서, 힐플랩의 왼쪽 가장자리를 따라 14(15)코+힐플랩과 바늘2 사이에서 1코 줍는다. 주운 코를 겉뜨기하면서 바늘 1로 옮기는데, 주운 코의 뒷가닥에 넣어서 겉뜨기한다. 바늘2와 바늘3의 코를 겉뜨기한다. 8코가 있는 바늘을 사용해서, 힐플랩의 오른쪽 가장자리를 따라 14(15)코+힐플랩과 바늘3 사이에서 1코 줍는다. 주운 코와 뒤꿈치 8코를 겉뜨기하면서 바늘4로 옮기는데, 주운 코의 뒷가닥에 넣어서 겉뜨기한다. 이제 총 72(76)코 있다.

계속해서 메리야스뜨기하면서 다음과 같이 거싯 코줄임한다: 바늘1 끝에서 왼코줄임하고, 바늘4 시작에서 ssk코줄임한다. 각 바늘에 13(14)코 남을 때까지 2단마다 이 코줄임을 반복한다.

거싯 코줄임 후에, 계속해서 메리야스뜨기로 약 5cm 진행한다. 무늬도안2A(무늬도안3)의 1단을 참고해서 페어아일 무늬를 뜨기 시작한다. 무늬도안의 모든 단을 뜬다.

계속해서 색상A 실을 사용해서 양말의 발 부분이 약 20.5(22)cm가 될 때까지 혹은 신을 사람의 새끼발가락을 덮을 때까지 메리야스뜨기한다.

다음과 같이 코줄임을 시작해 쐐기 모양 발끝을 만든다:
바늘1과 바늘3: 3코 남을 때까지 겉뜨기한다, 왼코줄임, 겉뜨기1.
바늘2와 바늘4: 겉뜨기1, ssk코줄임, 단 끝까지 겉뜨기한다.

앞에서 한 방식대로 총 36코 남을 때까지 2단마다 코줄임하고 총 16코 남을 때까지 매 단 코줄임한다.

무늬도안 1A

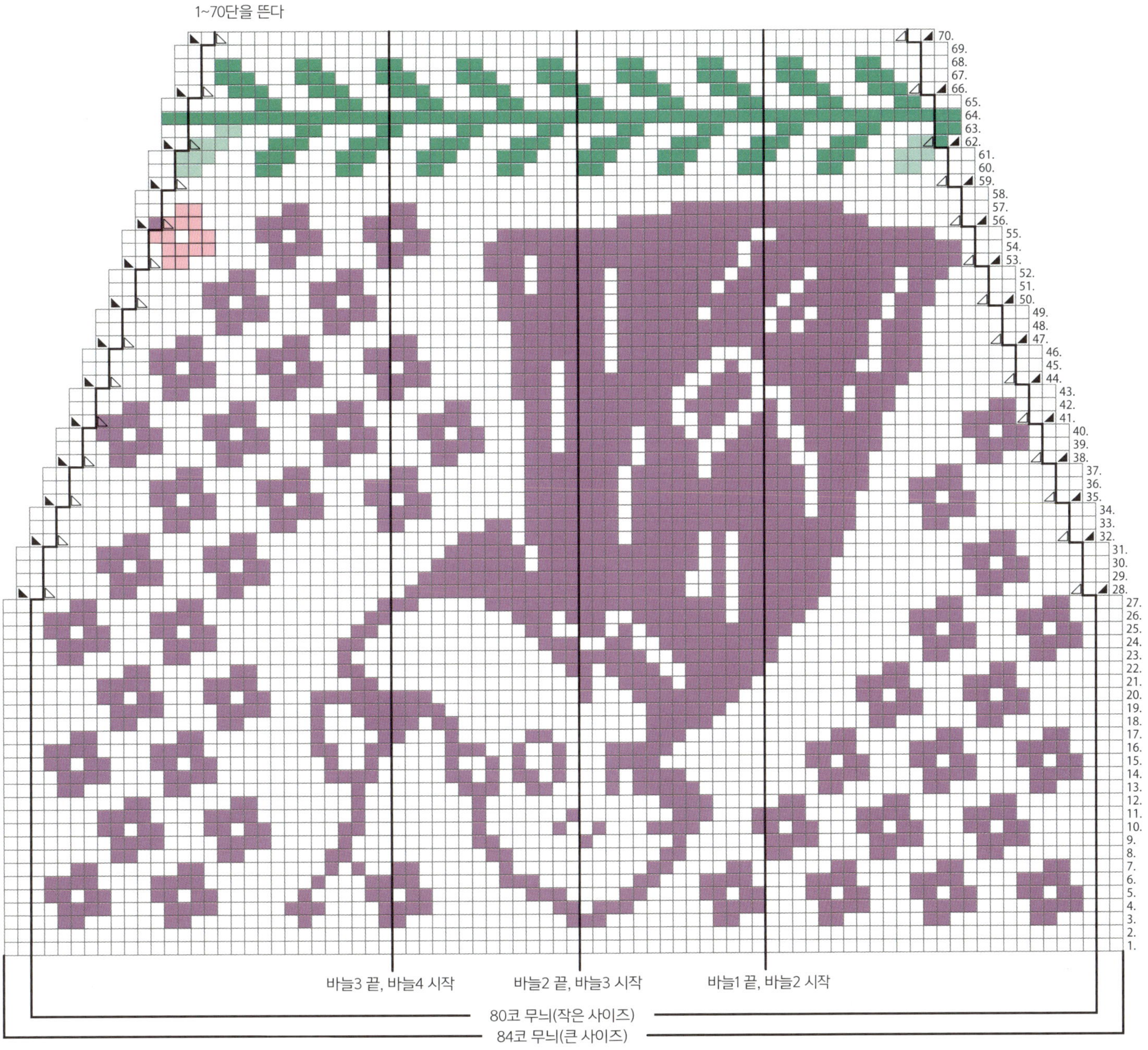

1~70단을 뜬다

바늘3 끝, 바늘4 시작 | 바늘2 끝, 바늘3 시작 | 바늘1 끝, 바늘2 시작

80코 무늬(작은 사이즈)
84코 무늬(큰 사이즈)

□ =겉뜨기(색상A)
■ =겉뜨기(색상B)
■ =겉뜨기(색상C)
■ =작은 사이즈: 겉뜨기(색상A), 큰 사이즈: 겉뜨기(색상B)
■ =작은 사이즈: 겉뜨기(색상A), 큰 사이즈: 겉뜨기(색상C)

작은 사이즈만 해당 { ◩ =ssk코줄임(색상A)
◪ =왼코줄임(색상A) }

큰 사이즈만 해당 { ◣ =ssk코줄임(색상A)
◢ =왼코줄임(색상A) }

무늬도안1B

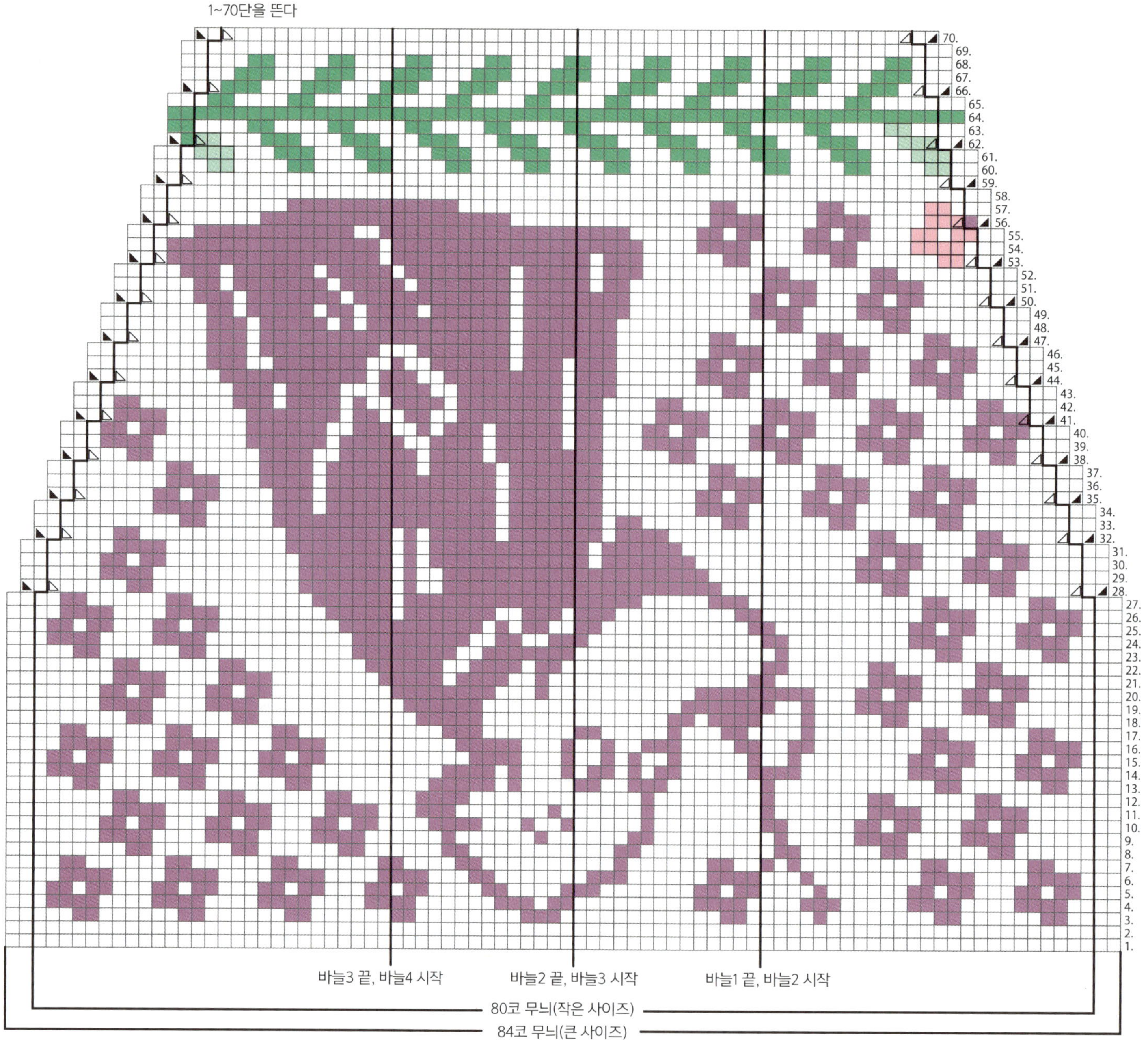

1~70단을 뜬다

바늘3 끝, 바늘4 시작 바늘2 끝, 바늘3 시작 바늘1 끝, 바늘2 시작

80코 무늬(작은 사이즈)
84코 무늬(큰 사이즈)

□ =겉뜨기(색상A)
■ =겉뜨기(색상B)
■ =겉뜨기(색상C)
■ =작은 사이즈: 겉뜨기(색상A), 큰 사이즈: 겉뜨기(색상B)
■ =작은 사이즈: 겉뜨기(색상A), 큰 사이즈: 겉뜨기(색상C)

작은 사이즈만 해당 { ◨ =ssk코줄임(색상A)
◨ =왼코줄임(색상A)

큰 사이즈만 해당 { ◣ =ssk코줄임(색상A)
◢ =왼코줄임(색상A)

남은 코를 2개의 바늘에 나누는데, 위쪽 바늘에 8코, 아래쪽 바늘에 8코로 균등하게 나눈다. 남은 코를 서로 메리야스잇기 kitchener stitch한다. 온라인에서 메리야스잇기 방법에 대한 설명과 동영상을 찾을 수 있다.

왼쪽 양말
오른쪽 양말과 동일한 방법으로 뜨는데, 양말목 부분에서 무늬도안1B를 참고한다. 작은 사이즈는 발 부분 페어아일 무늬에 무늬도안2B를 참고해서 작업한다. 큰 사이즈는 발 부분 페어아일 무늬에 무늬도안3을 참고해서 작업한다(양쪽 양말 동일).

마무리
실을 정리한다. 조심해서 양말을 적셔서, 평평한 곳에 펼쳐 치수에 맞춰 블로킹한다. 마르도록 둔다. 필요하다면 가볍게 스팀 블로킹한다.

☐ =겉뜨기(색상A)
■ =겉뜨기(색상B)

무늬도안2A
1~11단을 뜬다

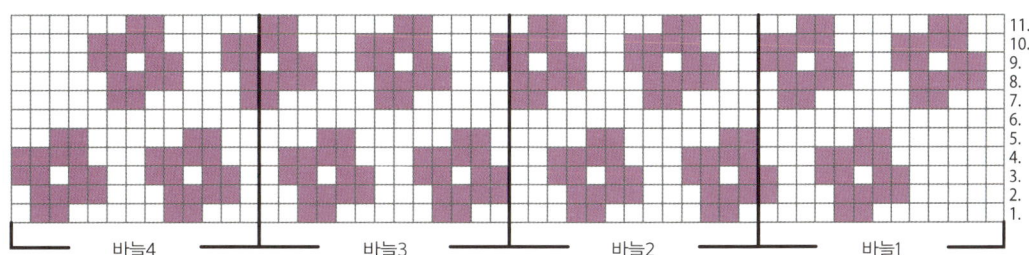

무늬도안2B
1~11단을 뜬다

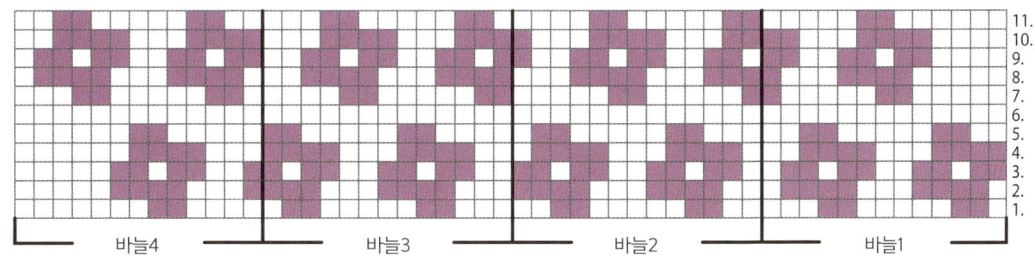

무늬도안3
1~11단을 뜬다

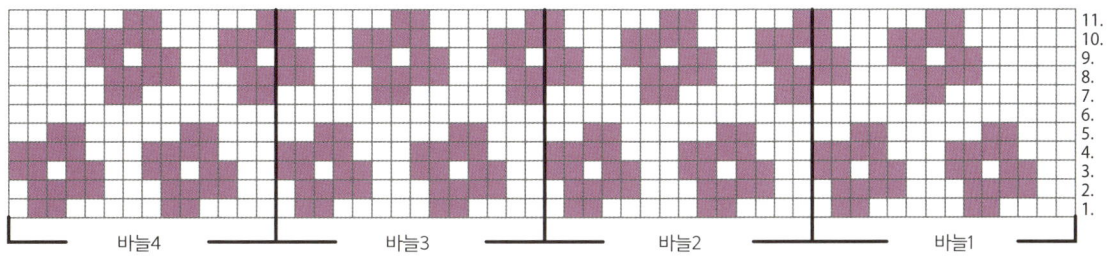

베리 따기
BERRY PICKING

무민마마가 열매를 따는 모습을 표현한 이 양말은 두 가지 색상의 고무뜨기 발목단이 화사함을 더해줍니다. 이 밝은 색상 양말의 발바닥과 발에는 무민마마가 맛있는 베리주스로 만들려는 먹음직스러운 빨간 열매가 생생하게 그려져 있어요. 전통적인 보강된 뒤꿈치와 헛간 지붕 모양 발끝barn toe이 실용적이고 깔끔하게 마무리되는 것이 특징입니다.

디자이너 민투 비크베리Minttu Wikberg

사이즈 UK 5/6, EU 38/39, US 여성 7½/8½, US 남성 6/7

실
노비타 무미탈로 DK(8합/라이트 워스티드 굵기) 100g/225m
미플 229(색상A 노랑), 그로크 176(색상B 파랑), 무민트롤 007(색상C 흰색), 필리용크 599(색상D 빨강) 각 1볼

실 소요량
두 사이즈 모두 색상A 25g, 색상B·D 각 50g, 색상C 100g

바늘
3mm 장갑바늘 혹은 정확한 게이지를 얻는 데 필요한 호수의 바늘

기법
원통으로 두 가지 색 고무뜨기:
색상A 실로 겉뜨기1, 색상C 실로 안뜨기1, *~*을 반복한다.

원통으로 메리야스뜨기:
모든 단 겉뜨기한다.

원통으로 페어아일 뜨기
무늬도안과 지시사항을 따라 메리야스뜨기한다. 작품 뒤쪽에서 실을 서로 꼬아 4코보다 긴 플로트를 잡는다. 연속된 단에서 같은 위치에 플로트가 떨어지지 않도록 디자인에서 플로트를 잡는 위치를 다양하게 할 것.

텐션(게이지) 메리야스뜨기 25코=10cm

주의
양말은 발목단에서 발끝으로, 위에서 아래로 뜬다. 양말목 부분의 빨간색 디테일은 양말을 뜬 후 무늬도안2의 1, 2단을 모방해 덧수duplicate stitch로 수놓는다.

양말목

색상A 실을 사용해서 56코 만든다. 4개의 바늘에 14코씩 나눈다. 단의 시작은 양말 뒤쪽 바늘1과 바늘4 사이에 있다.
코가 꼬이지 않도록 조심하며 원통으로 이어서 두 가지 색 고무뜨기로 3cm 뜬다. 색상B 실로 바꿔 겉뜨기로 1단 뜬다.
56코 모두 사용해 무늬도안1A의 1단을 참고해서 페어아일 무늬를 뜨기 시작한다. 무늬도안의 2~45단을 뜬다. **주의**: 양말목 부분의 빨간색 디테일은 양말을 뜬 후 덧수로 수놓는다.

뒤꿈치

색상B 실을 사용해서 바늘1의 코를 겉뜨기해 바늘4로 옮기며 뒤꿈치를 뜨기 시작한다(힐플랩 28코). 바늘2와 바늘3에 남은 코를 쉼코로 둔다. 편물을 뒤집는다. 다음과 같이 걸러뜨기 무늬로 뒤꿈치를 보강한다:

1단(안면): (실을 편물 앞에 두고) 1코걸러뜨기, 단 끝까지 안뜨기한다. 편물을 뒤집는다.

2단(겉면): *(실을 편물 뒤에 두고) 1코걸러뜨기, 겉뜨기1*, *~*을 단 끝까지 반복한다. 편물을 뒤집는다.

1~2단을 총 14회 반복하고 다시 1단을 뜬다(총 29단).

다음과 같이 코줄임을 시작해 뒤꿈치 모양을 만든다:
계속해서 이전과 동일한 걸러뜨기 무늬로 뒤꿈치를 보강한다. 겉면 단에서 시작해서, 왼손 바늘에 10코 남을 때까지 무늬대로 뜬다, 오른코줄임, 편물을 뒤집는다.

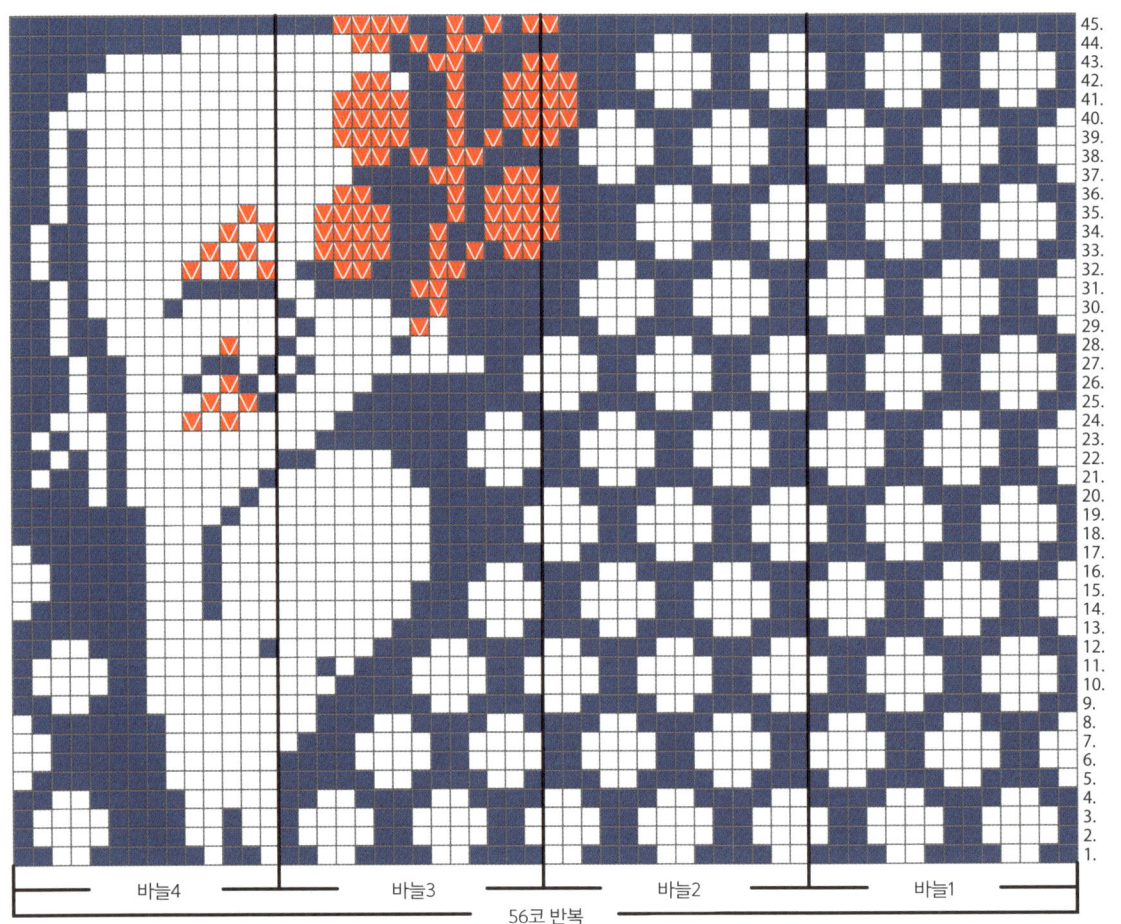

무늬도안1A
1~45단을 뜬다

안뜨기하듯이 1코걸러뜨기, 왼손 바늘에 10코 남을 때까지 안면에서 8코 안뜨기한다. 안뜨기로 2코모아뜨기, 편물을 뒤집는다. 겉뜨기하듯이 1코걸러뜨기, 왼손 바늘에 9코 남을 때까지 무늬대로 뜬다, 오른코줄임, 편물을 뒤집는다.

계속해서 앞에서 한 방식대로 앞뒤로 편물을 뒤집어가며 평뜨기로 뜬다. 즉 단의 첫 번째 코는 항상 걸러뜨기하고, 겉면 단 끝에서는 오른코줄임하고, 안면 단 끝에서는 안뜨기로 2코모아뜨기한다. 중심에는 항상 10코가 남아 있고 양쪽 가장자리의 콧수는 매 단 1코씩 줄어든다. 안면 단 끝에서 가장자리 코가 1코뿐이어서 2코모아뜨기할 수 없을 때가 되면, 겉면에서 겉뜨기로 5코 뜬다. 이 지점(뒷중심)이 이제 단 시작이다.

발

뒤꿈치의 왼쪽 바늘(바늘1)의 5코 겉뜨기한다. 여분의 바늘을 사용해서, 힐플랩의 왼쪽 가장자리를 따라 14코+힐플랩과 바늘2 사이에서 1코 줍는다. 주운 코를 겉뜨기하면서 바늘1로 옮기는데, 주운 코의 뒷가닥에 넣어서 겉뜨기한다. 바늘2와 바늘3의 코를 겉뜨기한다. 5코가 있는 바늘을 사용해서, 힐플랩의 오른쪽 가장자리를 따라 14코+힐플랩과 바늘3 사이에서 1코 줍는다.

주운 코와 뒤꿈치 5코를 겉뜨기하면서 바늘4로 옮기는데, 주운 코의 뒷가닥에 넣어서 겉뜨기한다. 이제 무늬도안2A의 1단을 떴고 총 68코 있다.

색상B 실을 자르고 색상C 실을 사용해서 겉뜨기로 1단 뜬다(=무늬도안2A의 2단) **주의:** 1단과 2단의 빨간색 열매는 양말을

무늬도안1B

1~45단을 뜬다

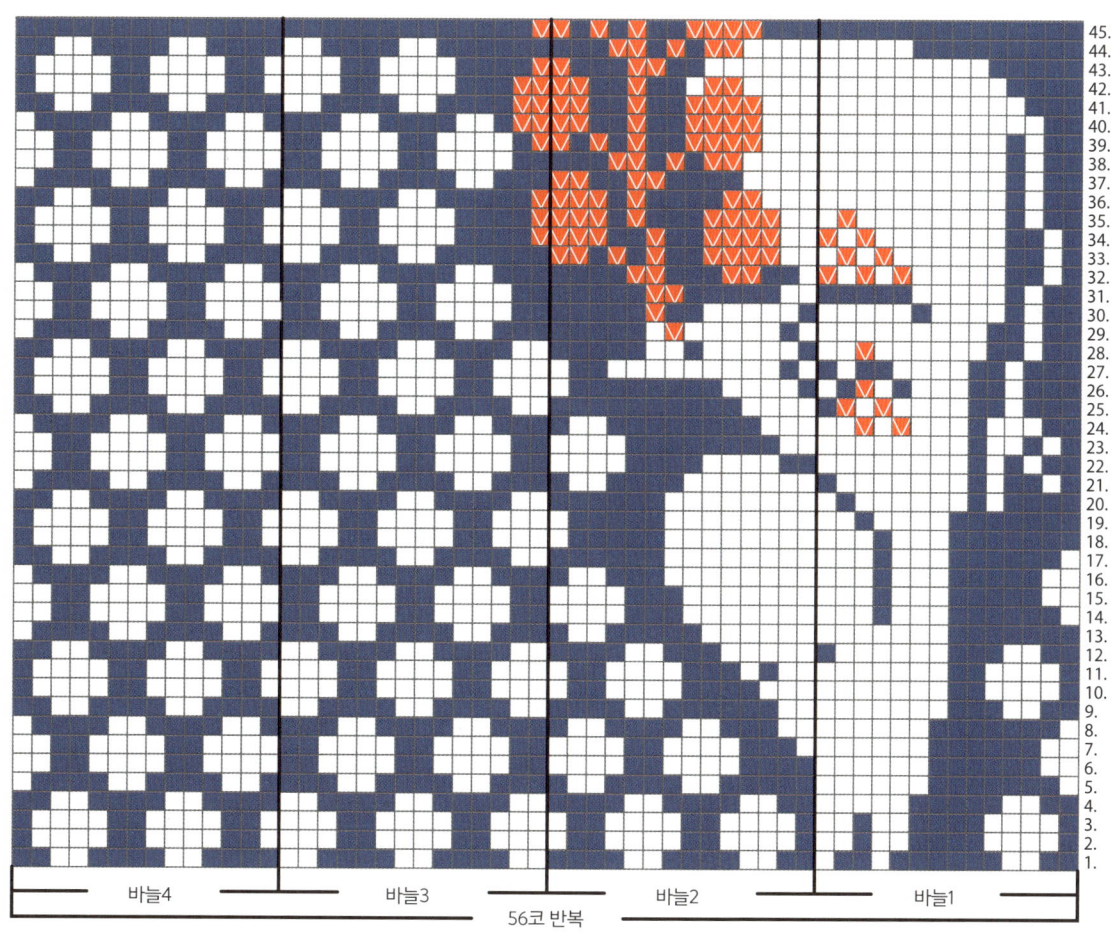

뜬 후 코 위에 덧수로 수놓는다.

계속해서 무늬도안2A의 3단을 참고해서, 다음과 같이 거싯 코 줄임을 동시에 시작한다: 바늘1 끝에서 왼코줄임하고 바늘4 시작에서 오른코줄임한다. 각 바늘에 14코씩 총 56코 남을 때까지 2단마다 이 코줄임을 반복한다. 무늬도안대로 끝까지 뜬다.

양말의 발 부분이 약 19cm가 될 때까지 혹은 신을 사람의 새끼발가락을 덮을 때까지 무늬도안2A의 34~41단을 반복한다. 계속해서 색상A 실을 사용해서 발끝 코줄임을 시작한다.

주의: 마지막 단에서 새로운 열매무늬를 시작하지 않는다. 만약 열매무늬를 뜨는 중이라면, 발끝 코줄임을 할 때 무늬를 완성한다. 양말의 나머지 부분은 색상A 실을 사용해서 마무리한다.

다음과 같이 헛간지붕 모양 발끝 코줄임한다:

바늘1과 바늘3: 3코 남을 때까지 겉뜨기한다, 왼코줄임, 겉뜨기1.
바늘2와 바늘4: 겉뜨기1, 오른코줄임, 단 끝까지 겉뜨기한다.

무늬도안2A

1~41단을 뜬다

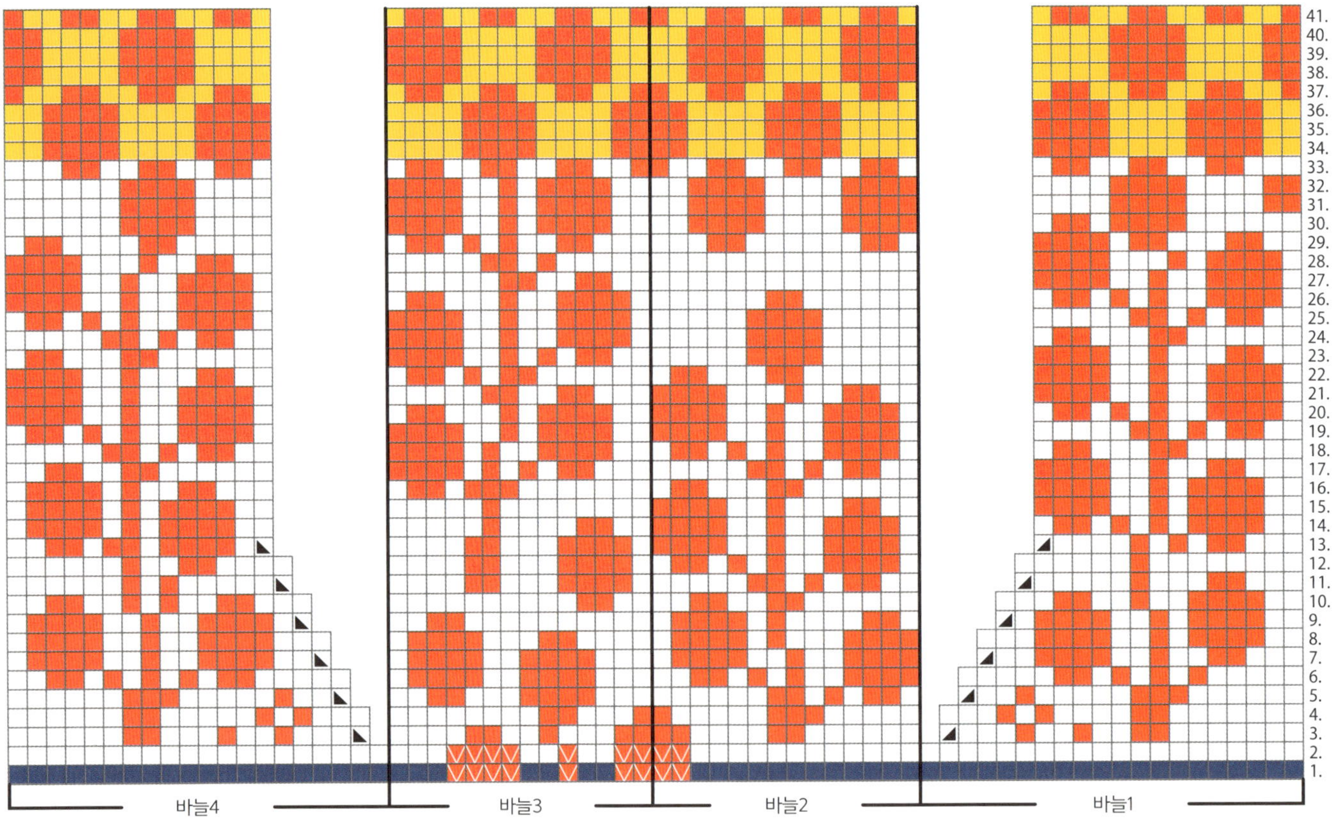

■ =겉뜨기(색상B)
□ =겉뜨기(색상C)
V =색상D 실을 사용해서 덧수로 수놓는다
■ =겉뜨기(색상D)
■ =겉뜨기(색상A)
◣ =왼코줄임(색상C)
◥ =겉뜨기하듯이 1코걸러뜨기, 색상C 실로 겉뜨기1, 걸러뜨기한 코를 겉뜨기한 코 위로 덮어씌우기(오른코줄임)

앞에서 한 방식대로 총 40코 남을 때까지 2단마다 코줄임한다. 총 8코 남을 때까지 매 단 코줄임한다. 실을 자르고 남은 코 사이로 통과시킨다. 단단히 잡아당겨 풀리지 않게 매듭짓는다.

두 번째 양말
무늬도안1B와 무늬도안2B를 참고해서 대칭되는 무늬로 두 번째 양말을 뜬다.

마무리
덧수 기법을 사용해서 무늬도안1과 무늬도안2를 참고해 빨간색 디테일을 수놓는다.

실을 정리한다. 조심해서 양말을 적셔서, 평평한 곳에 펼쳐 치수에 맞춰 블로킹한다. 마르도록 둔다. 필요하다면 가볍게 스팀 블로킹한다.

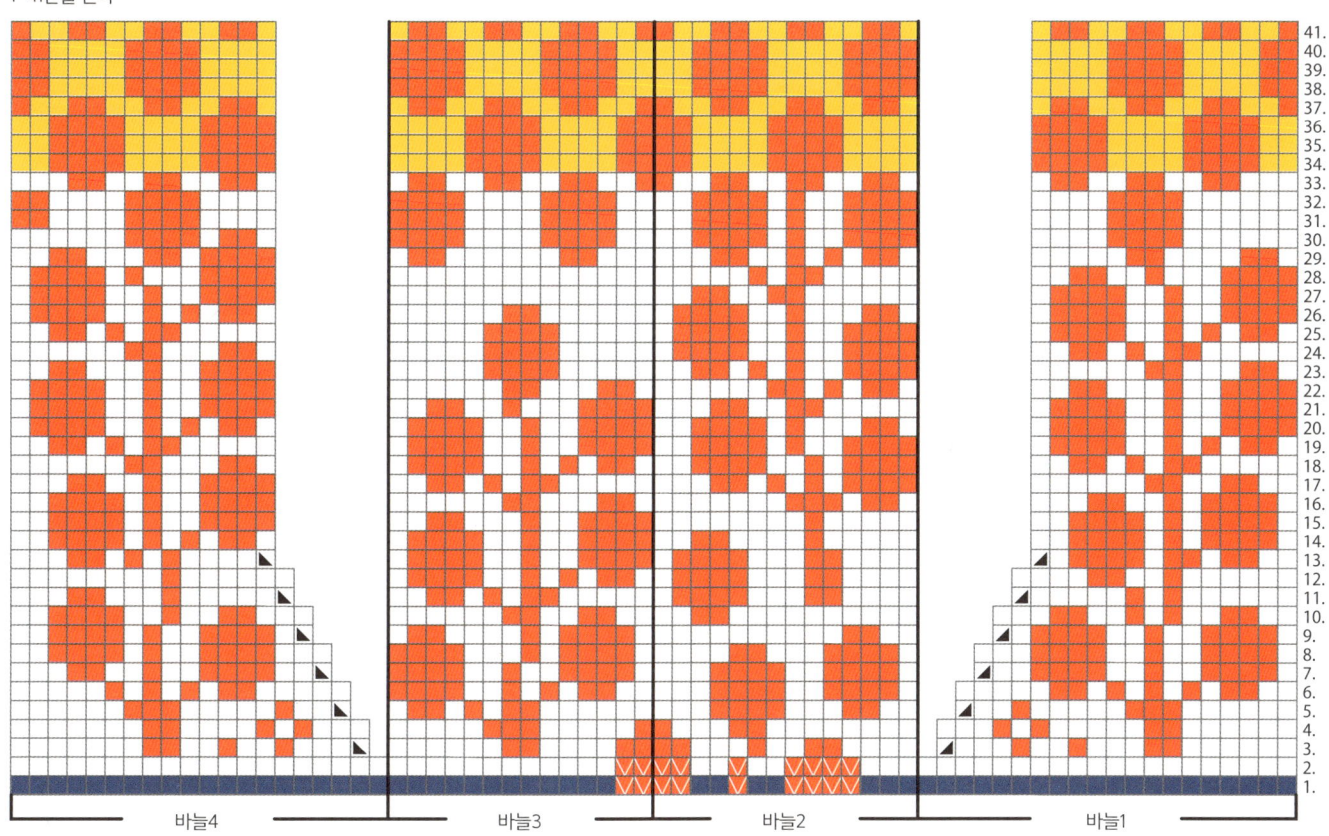

무늬도안2B
1~41단을 뜬다

빗속에서 춤추기
DANCING IN THE RAIN

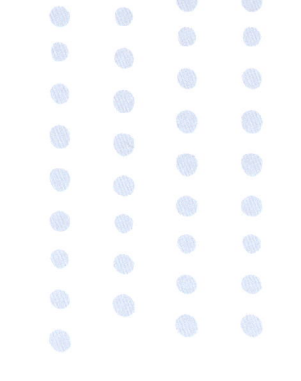

무민트롤이 빗속에서 춤을 추고 있어요. 이 재미있는 파란색과 흰색 뜨개 양말은 발이 작은 성인이나 취학 연령의 어린이에게 가장 잘 맞는 밀착형 양말입니다. 상단의 고무뜨기단은 꼬아고무뜨기로 뜹니다.

디자이너 민투 비크베리

사이즈 UK 1½, EU 34, US 여성 4, US 남성 2½

실
노비타 무미탈로 DK(8합/라이트 워스티드 굵기) 100g/225m
그로크 176(색상A 파랑), 무민트롤 007(색상B 흰색), 스노크 152(색상C 하늘색) 각 1볼

실 소요량
색상A 100g, 색상B 50g, 색상C 25g

바늘
3mm 장갑바늘 혹은 정확한 게이지를 얻는 데 필요한 호수의 바늘

기법
원통으로 꼬아고무뜨기:
뒷가닥에 넣어 겉뜨기1, 안뜨기1, *~*을 반복한다.

원통으로 메리야스뜨기:
모든 단 겉뜨기한다.

원통으로 페어아일 뜨기:
무늬도안과 지시사항을 따라 메리야스뜨기한다. 4코 이상 걸쳐지는 플로트는 안면에서 실을 꼬아서 늘어지지 않게 잡아준다. 연속된 단에서 같은 위치에 플로트가 떨어지지 않도록 플로트 잡는 위치를 다양하게 할 것.

텐션(게이지) 메리야스뜨기 25코=10cm

주의
양말은 발목단에서 발끝으로, 위에서 아래로 뜬다. 무민트롤의 윤곽선과 눈은 지시사항을 따라 완성된 양말에 덧수로 수놓는다.

무늬도안1

1~3단을 뜬다

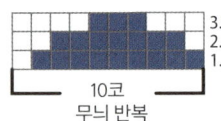

10코
무늬 반복

■ =겉뜨기(색상A)
□ =겉뜨기(색상B)

양말목

색상A 실을 사용해서 50코 만든다. 4개의 바늘에 코를 나누는데, 바늘1과 바늘3에는 각 13코, 바늘2와 바늘4에는 각 12코로 나눈다. 단의 시작은 양말 뒤쪽 바늘1과 바늘4 사이에 있다.
코가 꼬이지 않도록 조심하며 원통으로 이어서 꼬아고무뜨기로 3cm 뜬다. 겉뜨기로 3단 뜬다.
무늬도안1의 1단을 참고해서 10코 무늬를 5회 반복하며 페어아일 무늬를 뜨기 시작한다. 무늬도안의 2~3단을 뜬다. 무늬도안 1의 마지막 단에서는, 색상B 부분에서 고르게 분배해 2코를 코늘림한다(총 52코). 각 바늘에 13코씩 균등하게 코를 나눈다.

무늬도안2A

1~37단을 뜬다

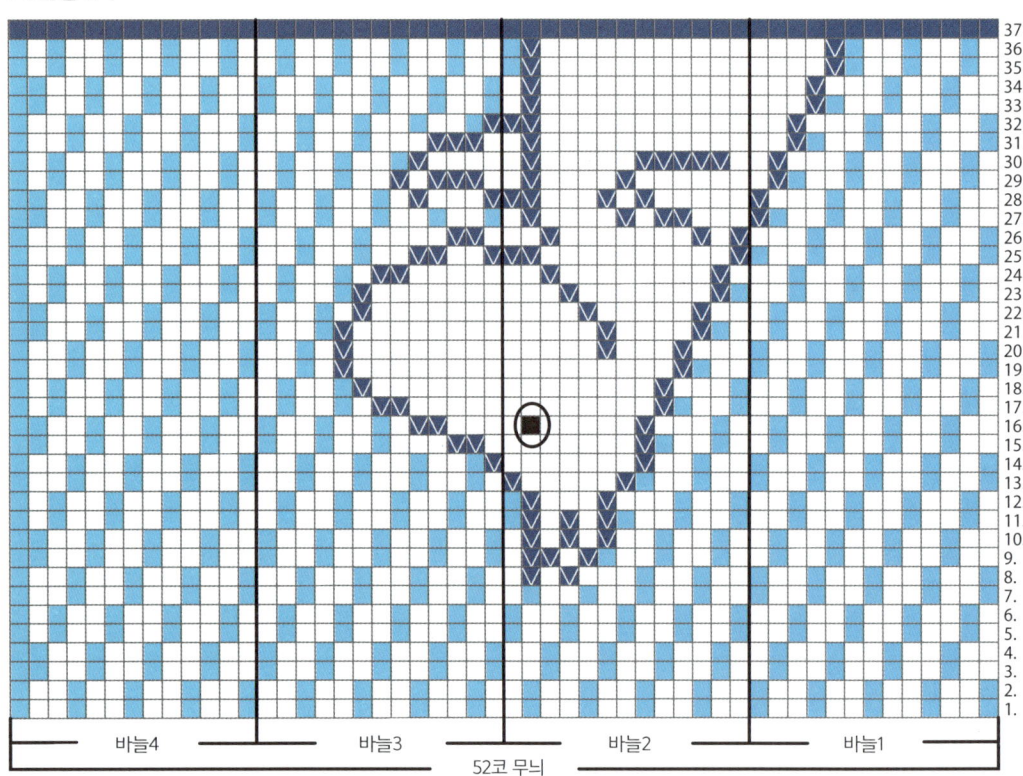

■ =겉뜨기(색상C)
□ =겉뜨기(색상B)
∨ =색상A 실을 사용해서 덧수로 수놓는다
■ =겉뜨기(색상A)
■ =색상A 실을 사용해서 프렌치노트 스티치로 수놓는다
╱ =색상A 실을 사용해서 백 스티치로 수놓는다

무늬도안2A의 1단을 참고해서 52코 페어아일 무늬를 뜨기 시작한다. 무늬도안의 2~37단을 뜬다. 1~36단에서는 색상B와 색상C 실만 사용한다. 무민트롤의 윤곽선과 눈은 양말을 뜬 후 수놓는다.
색상A 실을 사용해서 양말의 나머지 부분을 뜬다.

뒤꿈치

바늘1의 코를 겉뜨기해 바늘4로 옮기면서 뒤꿈치를 뜨기 시작한다(힐플랩 26코). 바늘2와 바늘3에 남은 코를 쉼코로 둔다. 편물을 뒤집는다. 다음과 같이 걸러뜨기 무늬를 시작해 뒤꿈치를 보강한다:
1단(안면): (실을 편물 앞에 두고) 1코걸러뜨기, 단 끝까지 안뜨기한다. 편물을 뒤집는다.
2단(겉면): *(실을 편물 뒤에 두고) 1코걸러뜨기, 겉뜨기1*, *~*을 단 끝까지 반복한다. 편물을 뒤집는다.
1~2단을 총 13회 반복하고 다시 1단을 뜬다(총 27단).
다음과 같이 코줄임을 시작해 뒤꿈치 모양(턴힐)을 만든다:

계속해서 전과 동일한 걸러뜨기 무늬로 뒤꿈치를 보강한다. 겉면 단에서 시작해, 왼손 바늘에 10코 남을 때까지 무늬대로 뜬다, 오른코줄임, 편물을 뒤집는다.
안뜨기하듯이 1코걸러뜨기, 왼손 바늘에 10코 남을 때까지 안면에서 안뜨기로 6코 뜬다. 안뜨기로 2코모아뜨기, 편물을 뒤집는다.
겉뜨기하듯이 1코걸러뜨기, 왼손 바늘에 9코 남을 때까지 무늬대로 뜬다, 오른코줄임, 편물을 뒤집는다.

계속해서 앞에서 한 방식대로 앞뒤로 편물을 뒤집어가며 평뜨기한다. 즉 단의 첫 번째 코는 걸러뜨기하고, 겉면 단 끝에서는 오른코줄임하고, 안면 단 끝에서는 안뜨기로 2코모아뜨기한다. 중심에는 항상 8코가 남아 있고 양쪽 가장자리의 콧수는 매 단 1코씩 줄어든다. 안면 단에서 중심 양옆의 코가 모두 소진되어 코줄임이 끝나면, 겉면에서 4코 겉뜨기한다. 이 지점(뒷중심)이 이제 단 시작이다.

무늬도안2B
1~37단을 뜬다

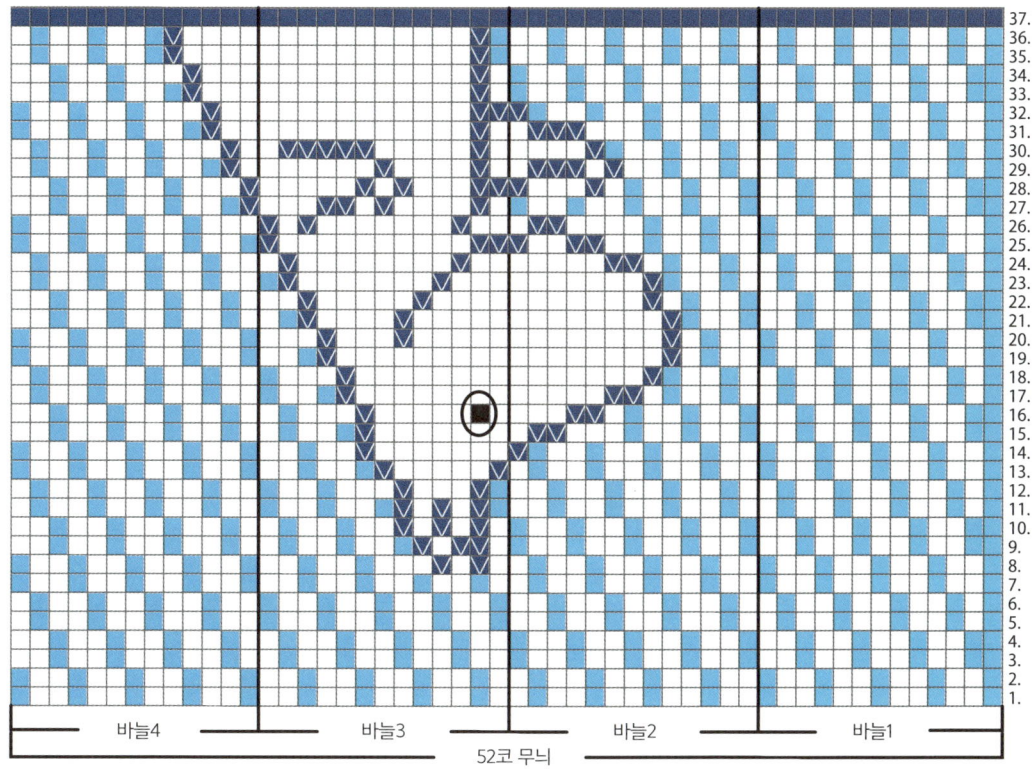

발

뒤꿈치의 왼쪽 바늘(바늘1)의 4코 겉뜨기한다. 여분의 바늘을 사용해서 힐플랩의 왼쪽 가장자리를 따라 13코+힐플랩과 바늘2 사이에서 1코 줍는다. 힐플랩 가장자리에서 주운 코를 겉뜨기해 바늘1로 옮기는데, 주운 코의 뒷가닥에 겉뜨기한다. 바늘2와 바늘3의 코를 겉뜨기한다. 4코가 있는 바늘을 사용해서, 힐플랩 오른쪽 가장자리를 따라 13코+힐플랩과 바늘3 사이에서 1코 줍는다. 주운 코와 뒤꿈치의 4코를 겉뜨기해 바늘4로 옮기는데, 주운 코의 뒷가닥에 겉뜨기한다. 이제 총 62코 있다.

계속해서 메리야스뜨기하면서 다음과 같이 거싯 코줄임한다: 바늘1 끝에서 왼코줄임하고 바늘4 시작에서 오른코줄임한다. 각 바늘에 13코씩, 총 52코 남을 때까지 2단마다 이 코줄임을 반복한다.

계속해서 양말의 발 부분이 약 17cm가 될 때까지 혹은 신을 사람의 새끼발가락을 덮을 때까지 메리야스뜨기한다.

계속해서 메리야스뜨기하면서 다음과 같이 코줄임해 헛간지붕 모양 발끝을 만든다:
바늘1과 바늘3: 3코 남을 때까지 겉뜨기한다, 왼코줄임, 겉뜨기1.
바늘2와 바늘4: 겉뜨기1, 오른코줄임, 단 끝까지 겉뜨기한다.

앞에서 한 방식대로 총 20코 남을 때까지 2단마다 코줄임하고 총 8코 남을 때까지 매 단 코줄임한다. 실을 자르고 남은 코 사이로 통과시킨다.

두 번째 양말

동일한 방법으로 두 번째 양말을 뜨는데 양말목 부분에서 무늬 도안2B를 참고해서 작업한다.

마무리

색상A 실을 사용해서 겉뜨기 코 위에 무민트롤 윤곽선을 덧수로 수놓는다. 색상A 실을 두 가닥으로 나눠 눈 주위에 짧은 백스티치로 수놓는다. 색상A 실을 사용해서 프렌치노트 스티치로 눈동자를 수놓는다.

실을 정리한다. 조심해서 양말을 적셔서, 평평한 곳에 펼쳐 치수에 맞춰 블로킹한다. 마르도록 둔다. 필요하다면 가볍게 스팀 블로킹한다.

"그냥 비가 오는 거야." 무민트롤이 말했습니다.
"드디어 비가 왔어. 이제 잠시 잠을 자야겠어."
《마법사가 잃어버린 모자》

행복한 스니프
HAPPY SNIFF

금색과 반짝이는 것을 좋아하는 스니프가 춤추는 동전들에 둘러싸여 있는 긴 양말이에요. 스니프 캐릭터 뒤쪽의 긴 플로트는 전통적인 기법으로 또는 래더 백 자카드 기법으로 잡을 수 있습니다. 이 스니프 양말은 종아리가 가는 분들에게 잘 맞습니다.

디자이너 마리타 카를손

사이즈 UK 5/6(6½/7½), EU 38/39(40/41), US 여성 7½/8½(9/10), US 남성 6/7(7½/8½)

실
노비타 무미탈로 DK(8합/라이트 워스티드 굵기) 100g/225m
스너프킨 381(색상A 녹색) 2볼
노비타 후비레트키 DK(8합/라이트 워스티드 굵기) 50g/112m
비치 652(색상B 갈색) 2볼

실 소요량
두 사이즈 모두 색상A 200g, 색상B 100g

바늘
3mm 장갑바늘 혹은 정확한 게이지를 얻는 데 필요한 호수의 바늘

기법
원통으로 꼬아고무뜨기:
뒷가닥에 넣어 겉뜨기1, 안뜨기1, *~*을 반복한다.

원통으로 메리야스뜨기:
모든 단 겉뜨기한다.

원통으로 페어아일 뜨기:
무늬도안과 지시사항을 따라 메리야스뜨기한다. 4코 이상 걸쳐지는 플로트는 안면에서 실을 꼬아서 늘어지지 않게 잡아준다. 연속된 단에서 같은 위치에 플로트가 떨어지지 않도록 플로트 잡는 위치를 다양하게 할 것. 양말목의 플로트는 래더 백 자카드 기법으로 잡는다. 온라인에서 이 방법을 보여주는 동영상과 설명을 찾을 수 있다.

텐션(게이지) 페어아일 뜨기 29코=10cm

주의
양말은 발목단에서 발끝으로, 위에서 아래로 뜬다.

오른쪽 양말

색상A 실을 사용해서 80(84)코 만든다. 다음과 같이 4개의 바늘에 코를 나눈다: 바늘1과 4에 각 26(28)코, 바늘2와 바늘3에 각 14(14)코. 단의 시작은 양말 뒤쪽 바늘1과 바늘4 사이에 있다. 코가 꼬이지 않도록 조심하며 원통으로 이어서 꼬아고무뜨기로 4.5cm 뜬다. 겉뜨기로 1단 뜨는데, 단 시작에서 1코 코줄임(왼코줄임)하고 단 끝에서 1코 코줄임(ssk코줄임)한다[총 78(82)코].

78(82)코 모두를 사용해 무늬도안A의 1단을 참고해서 페어아일 무늬를 뜨기 시작한다. 무늬도안의 2~89단을 뜬다. 무늬도안에 표시된 곳에서 코줄임한다. **주의:** 큰 사이즈는 지시사항을 따를 때 항상 작은 사이즈의 코줄임 코를 겉뜨기 코로 취급하고 무늬도안 네모 칸에 보이는 색상의 실을 사용해서 작업한다.

색상B 실을 자르고 색상A 실을 사용해서 양말의 나머지 부분을 작업한다. 메리야스뜨기로 4단 뜬다.

각 바늘에 13(14)코씩 균등하게 코를 나눈다.

뒤꿈치

바늘1의 코를 겉뜨기해 바늘4로 옮기면서 뒤꿈치를 뜨기 시작한다[힐플랩 26(28)코]. 바늘2와 바늘3에 남은 코를 쉼코로 둔다. 편물을 뒤집는다. 다음과 같이 걸러뜨기 무늬를 시작해 뒤꿈치를 보강한다:

1단(안면): (실을 편물 앞에 두고) 1코걸러뜨기, 단 끝까지 안뜨기한다. 편물을 뒤집는다.

2단(겉면): *(실을 편물 뒤에 두고) 1코걸러뜨기, 겉뜨기1*, *~*을 단 끝까지 반복한다. 편물을 뒤집는다.

1~2단을 총 13(14)회 반복하고 다시 1단을 뜬다[총 27(29)단].

다음과 같이 프렌치 힐(둥근 뒤꿈치)을 만들기 시작한다:

1단(겉면): (실을 편물 뒤에 두고) 1코걸러뜨기, 겉뜨기14(15), ssk코줄임, 겉뜨기1. 편물을 뒤집는다.

2단(안면): 안뜨기하듯이 1코걸러뜨기, 안뜨기5, 안뜨기로 2코모아뜨기, 안뜨기1. 편물을 뒤집는다.

3단(겉면): 겉뜨기하듯이 1코걸러뜨기, 겉뜨기6, ssk코줄임, 겉뜨기1. 편물을 뒤집는다.

4단(안면): 안뜨기하듯이 1코걸러뜨기, 안뜨기7, 안뜨기로 2코모아뜨기, 안뜨기1. 편물을 뒤집는다.

계속해서 양쪽 가장자리 모든 코를 코줄임할 때까지 이런 방식으로 코줄임하는데, 중심의 콧수는 매 단 1코씩 늘어난다. 안면단을 1단 더 뜬다. **주의:** 큰 사이즈는 마지막 코줄임 후 단 끝에 겉뜨기1/안뜨기1 코가 남지 않을 것이다.

편물을 뒤집는다. 2개의 바늘에 8코씩 균등하게 뒤꿈치 코를 나눈다. 오른손 바늘의 코를 겉뜨기한다. 이 지점(뒷중심)이 이제 단 시작이다.

발

뒤꿈치의 왼쪽 바늘(바늘1)의 8코를 겉뜨기한다. 여분의 바늘을 사용해서 힐플랩의 왼쪽 가장자리를 따라 14(15)코+힐플랩과 바늘2 사이에서 1코 줍는다. 주운 코를 겉뜨기해 바늘1로 옮기는데, 주운 코의 뒷가닥에 넣어 겉뜨기한다. 바늘2와 바늘3의 코를 겉뜨기한다. 8코가 있는 바늘을 사용해서, 힐플랩 오른쪽 가장자리를 따라 14(15)코+힐플랩과 바늘3 사이에서 1코 줍는다. 주운 코와 뒤꿈치의 8코를 겉뜨기해 바늘4로 옮기는데, 주운 코의 뒷가닥에 넣어 겉뜨기한다. 이제 총 72(76)코 있다.

계속해서 메리야스뜨기하면서 다음과 같이 거싯 코줄임한다: 바늘1 끝에서 왼코줄임하고 바늘4 시작에서 ssk코줄임한다. 각 바늘에 13(14)코 남을 때까지 2단마다 이 코줄임을 반복한다.

■ =겉뜨기(색상A)
■ =겉뜨기(색상B)
■ =**작은 사이즈:** 겉뜨기(색상A), **큰 사이즈:** 겉뜨기(색상B)

작은 사이즈만 해당 { ◣ ◣ =ssk코줄임(색상A)
◢ ◢ =왼코줄임(색상A)

큰 사이즈만 해당 { ◣ =ssk코줄임(색상A)
◢ =왼코줄임(색상A)

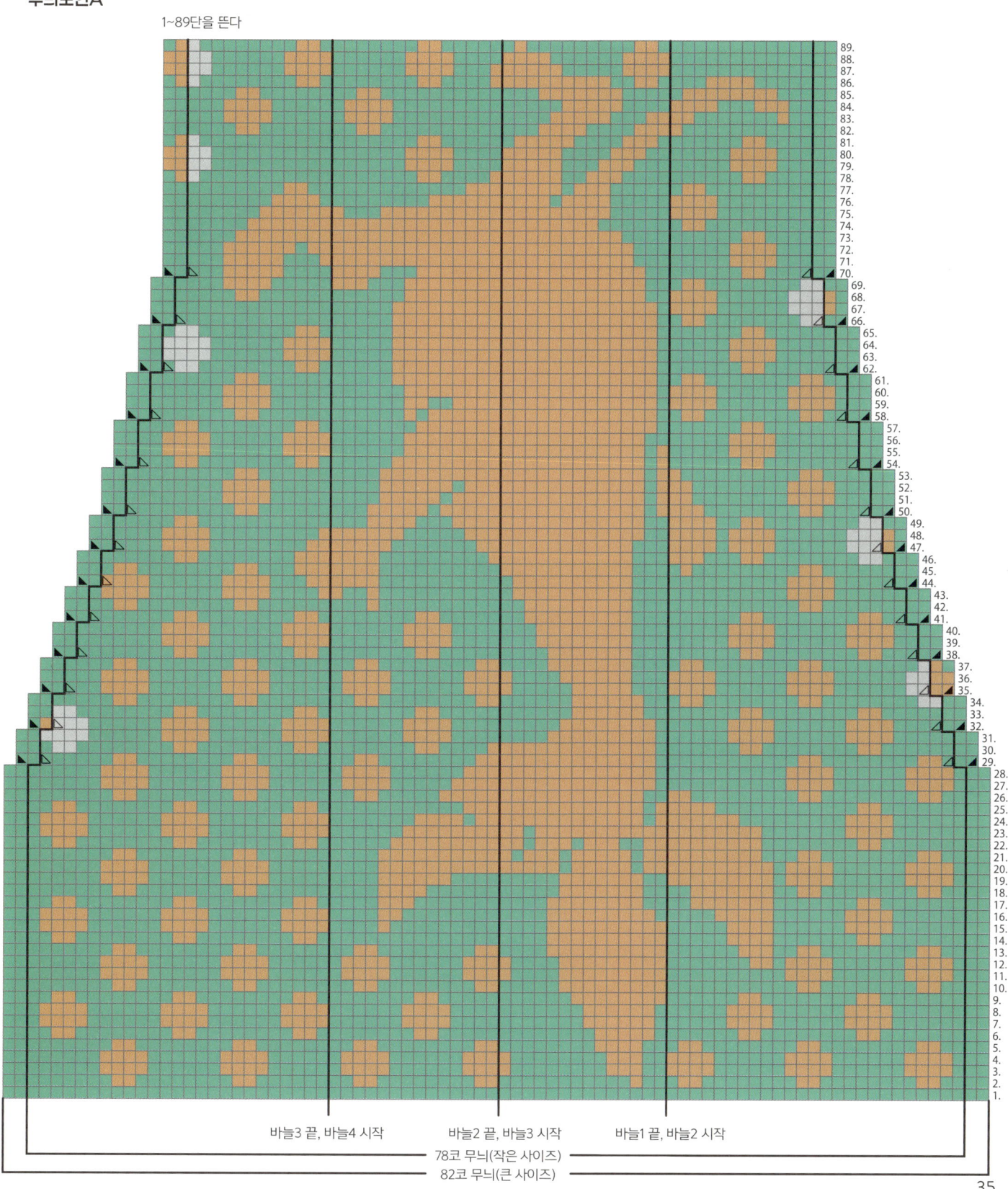

계속해서 양말의 발 부분이 약 20.5(22)cm가 될 때까지 혹은 신을 사람의 새끼발가락을 덮을 때까지 메리야스뜨기한다.

다음과 같이 코줄임해 쐐기 모양 발끝을 만든다:
바늘1과 바늘3: 3코 남을 때까지 겉뜨기한다, 왼코줄임, 겉뜨기1.
바늘2와 바늘4: 겉뜨기1, ssk코줄임, 단 끝까지 겉뜨기한다.

앞에서 한 방식대로 총 36코 남을 때까지 2단마다 코줄임하고 총 16코 남을 때까지 매 단 코줄임한다.
남은 코를 2개의 바늘에 균등하게, 위쪽 바늘에 8코 아래쪽 바늘에 8코 나눈다. 8코를 서로 메리야스잇기한다. 온라인에서 메리야스잇기 방법에 대한 설명과 동영상을 찾을 수 있다.

왼쪽 양말
오른쪽 양말과 동일하게 뜨는데 양말목 부분의 페어아일 무늬는 무늬도안B를 참고한다.

마무리
실을 정리한다. 조심해서 양말을 적셔서, 평평한 곳에 펼쳐 치수에 맞춰 블로킹한다. 마르도록 둔다. 필요하다면 가볍게 스팀 블로킹한다.

■ =겉뜨기(색상A)
■ =겉뜨기(색상B)
□ =작은 사이즈: 겉뜨기(색상A), 큰 사이즈: 겉뜨기(색상B)

작은 사이즈만 해당 {
◣ ◢ =ssk코줄임(색상A)
◤ ◥ =왼코줄임(색상A)
}

큰 사이즈만 해당 {
◣ =ssk코줄임(색상A)
◤ =왼코줄임(색상A)
}

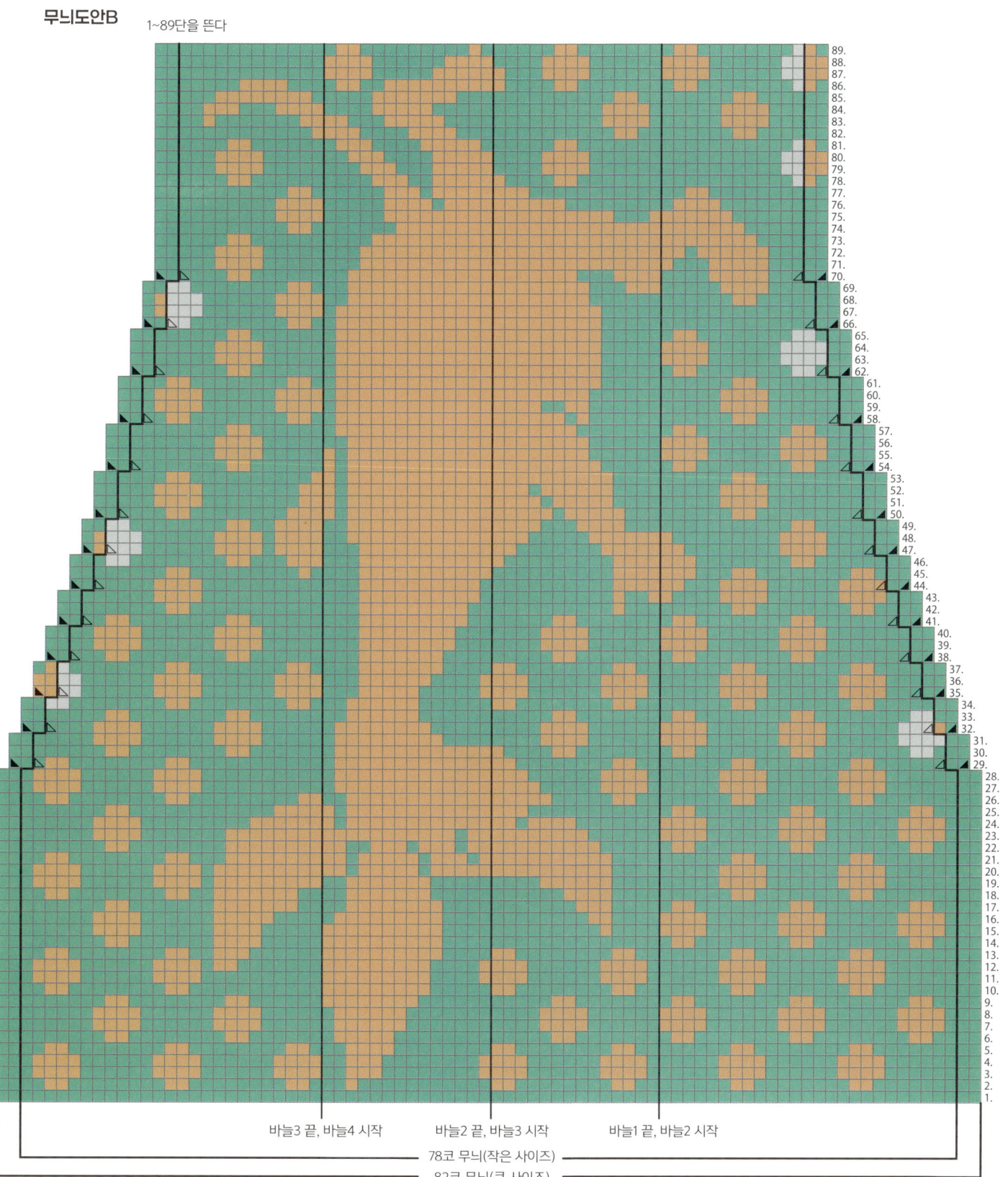

스노크메이든을 위한 꽃
FLOWERS FOR THE SNORKMAIDEN

스노크메이든이 풀밭에서 꽃을 따며 한가로운 오후를 보내고 있습니다. 두 가지 색상으로 뜬 페어아일 디자인의 이 양말은 작품 안면의 플로트가 짧고 단순한 디자인이 반복되어 뜨개질 초보에게 이상적입니다. 모자이크 패턴이 양말의 발등을 장식하고, 사선 무늬가 발바닥을 더욱 재미있게 만들어줍니다.

디자이너 민투 비크베리

사이즈 UK 5/6, EU 38/39, US 여성 7½/8½, US 남성 6/7

실
노비타 무미탈로 DK(8합/라이트 워스티드 굵기) 100g/225m
무민트롤 007(색상A 흰색), 스너프킨 381(색상B 녹색) 각 1볼

실 소요량
색상 A·B 각 100g

바늘
3mm 장갑바늘 혹은 정확한 게이지를 얻는 데 필요한 호수의 바늘

기법
원통으로 *꼬아고무뜨기*:
뒷가닥에 넣어 겉뜨기1, 안뜨기1, *~*을 반복한다.

원통으로 *메리야스뜨기*:
모든 단 겉뜨기한다.

원통으로 *페어아일 뜨기*:
무늬도안과 지시사항을 따라 메리야스뜨기한다. 4코 이상 걸쳐지는 플로트는 안면에서 실을 꼬아서 늘어지지 않게 잡아준다. 연속된 단에서 같은 위치에 플로트가 떨어지지 않도록 플로트 잡는 위치를 다양하게 할 것.

텐션(게이지) 메리야스뜨기 25코=10cm

주의
양말은 발목단에서 발끝으로, 위에서 아래로 뜬다.

양말목

색상B 실을 사용해서 56코 만든다. 4개의 바늘에 균등하게 14코씩 나눈다. 단의 시작은 양말 뒤쪽 바늘1과 바늘4 사이에 있다.

코가 꼬이지 않도록 조심하며 원통으로 이어서 꼬아고무뜨기로 3cm 뜬다.

56코 모두 사용해서 무늬도안1A의 1단을 참고해서 페어아일 무늬를 뜨기 시작한다. 무늬도안의 2~42단을 뜬다. 색상A 실을 자른다.

뒤꿈치

바늘1의 코를 겉뜨기해 바늘4로 옮기며 뒤꿈치를 시작한다(힐 플랩 28코). 바늘2와 바늘3에 남은 코는 쉼코로 둔다. 편물을 뒤집는다. 다음과 같이 걸러뜨기 무늬로 뒤꿈치를 보강한다:

1단(안면): (실을 편물 앞에 두고) 1코걸러뜨기, 단 끝까지 안뜨기한다. 편물을 뒤집는다.

2단(겉면): *(실을 편물 뒤에 두고) 1코걸러뜨기, 겉뜨기1*, *~*을 단 끝까지 반복한다. 편물을 뒤집는다.

1~2단을 총 14회 반복하고 다시 1단을 뜬다(총 29단).

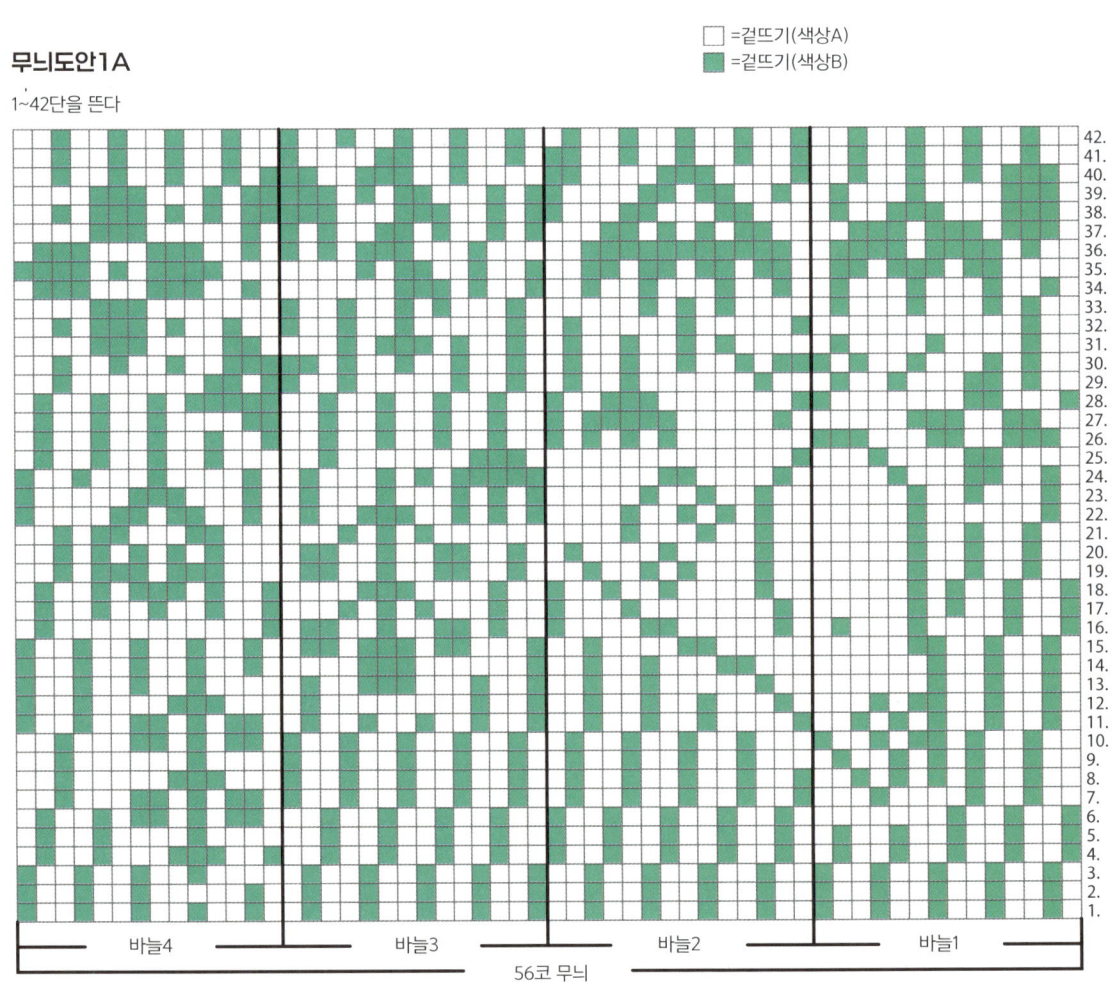

무늬도안1A
1~42단을 뜬다

□ =겉뜨기(색상A)
■ =겉뜨기(색상B)

바늘4 | 바늘3 | 바늘2 | 바늘1
56코 무늬

다음과 같이 코줄임을 시작해 뒤꿈치 모양을 만든다:
계속해서 이전과 동일한 걸러뜨기 무늬로 뒤꿈치를 보강한다.
겉면 단에서 시작해서, 왼손 바늘에 10코 남을 때까지 무늬대로 뜬다, 오른코줄임, 편물을 뒤집는다.
안뜨기하듯이 1코걸러뜨기, 왼손 바늘에 10코 남을 때까지 안면에서 8코 안뜨기한다. 안뜨기로 2코모아뜨기, 편물을 뒤집는다.
겉뜨기하듯이 1코걸러뜨기, 왼손 바늘에 9코 남을 때까지 무늬대로 뜬다, 오른코줄임, 편물을 뒤집는다.

계속해서 앞에서 한 방식대로 앞뒤로 편물을 뒤집어가며 평뜨기로 작업한다. 즉 단의 첫 번째 코는 항상 걸러뜨기하고, 겉면 단 끝에서는 오른코줄임하고, 안면 단 끝에서는 안뜨기로 2코 모아뜨기한다. 중심에는 항상 10코가 남아 있고 양쪽 가장자리의 콧수는 매 단 1코씩 줄어든다. 안면 단에서 중심 양옆의 코가 모두 소진되어 코줄임이 끝나면, 겉면에서 겉뜨기로 5코 뜬다. 이 지점(뒷중심)이 이제 단 시작이다.

무늬도안 1B

1~42단을 뜬다

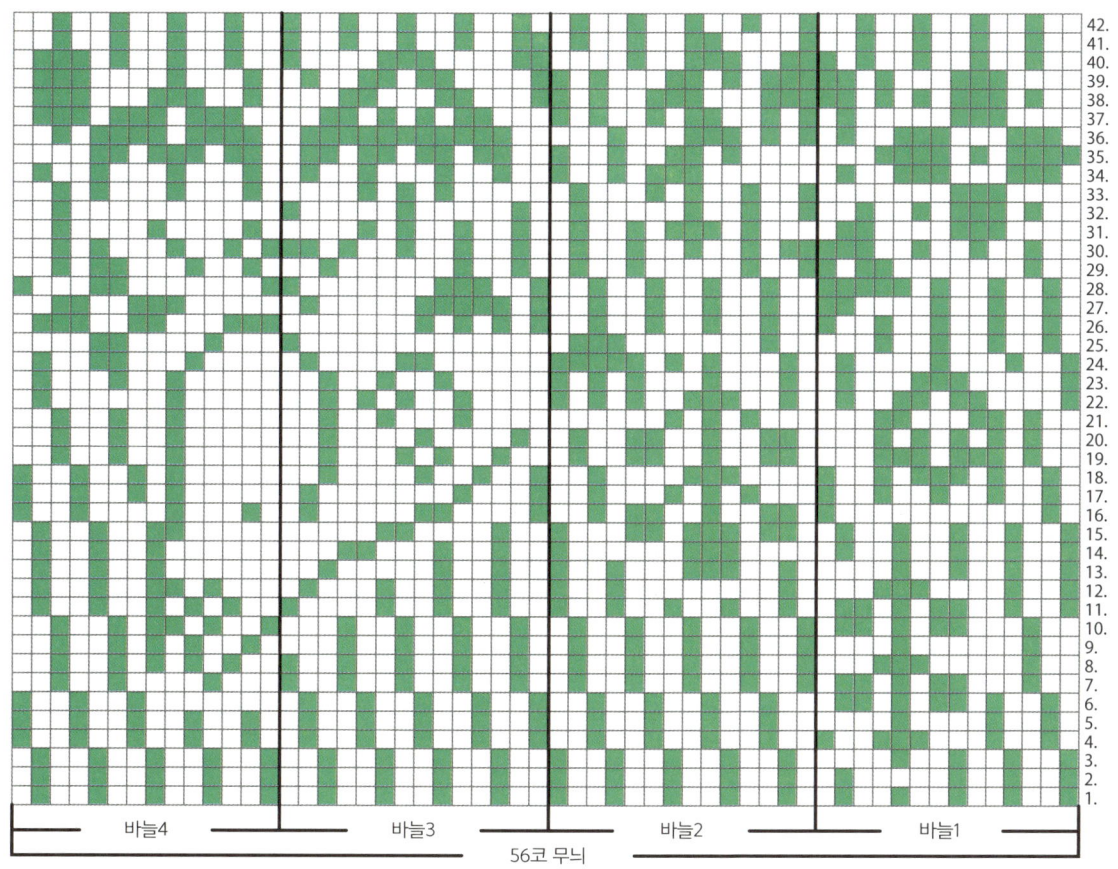

발

뒤꿈치의 왼쪽 바늘(바늘1)의 5코 겉뜨기한다. 여분의 바늘을 사용해서, 힐플랩의 왼쪽 가장자리를 따라 14코+힐플랩과 바늘2 사이에서 1코 줍는다. 주운 코를 겉뜨기하면서 바늘1로 옮기는데, 주운 코의 뒷가닥에 넣어서 겉뜨기한다. 바늘2와 바늘3의 코를 겉뜨기한다. 5코가 있는 바늘을 사용해서, 힐플랩의 오른쪽 가장자리를 따라 14코+힐플랩과 바늘3 사이에서 1코 줍는다. 주운 코와 뒤꿈치 5코를 겉뜨기하면서 바늘4로 옮기는데, 주운 코의 뒷가닥에 넣어서 겉뜨기한다. 이제 총 68코 있다. 바늘4에서 바늘3으로 1코 옮긴다(왼쪽 양말에서는 바늘1에서 바늘2로 1코 옮긴다).

계속해서 무늬도안2A의 2단을 참고해서 페어아일 무늬를 진행하는데, 이와 동시에 다음과 같이 거싯 코줄임을 시작한다: 바늘1 끝에서 왼코줄임하고, 바늘4 시작에서 오른코줄임한다. 총 58코 남을 때까지 2단마다 이 코줄임을 반복한다. 무늬도안2A의 끝까지 뜬다.

계속해서 바늘1과 바늘4에서는 무늬도안2A의 12~17단을 반복하고, 바늘2와 바늘3에서는 10~17단을 반복하며 페어아일 무늬를 뜬다. 발 부분이 약 19cm가 되면, 페어아일 무늬를 앞에서 한 방식대로 계속 진행하면서 발끝 코줄임을 시작한다.
다음과 같이 코줄임해 쐐기 모양 발끝을 만든다:
바늘1과 바늘3: 3코 남을 때까지 무늬대로 뜬다, 왼코줄임, 색상B 실로 겉뜨기1.
바늘2와 바늘4: 색상B 실로 겉뜨기1, 색상A 실로 뒷가닥에 넣어 왼코줄임, 단 끝까지 무늬대로 뜬다.

앞에서 한 방식대로 총 38코 남을 때까지 2단마다 코줄임하고, 총 18코 남을 때까지 매 단 코줄임한다. **주의:** 코줄임 없는 단에서는, 전 단에서 사용했던 동일한 실로 발끝 코줄임 코를 뜬다. 색상B 실을 사용해서 겉뜨기로 1단 뜨고 마무리한다.

발가락 코를 메리야스잇기하거나 바늘 3개를 이용해 코막음한다: 남은 코를 2개의 안전핀에 옮기고 양말을 뒤집는다. 2개의 바늘에 코를 옮기는데 위쪽 코를 바늘 하나에 아래쪽 코를 다른 바늘 하나에 옮긴다. 서로 마주 보게 배치한다. *각 바늘의 첫 번째 코를 함께 겉뜨기한다*, *~*를 1회 반복한다. 오른손 바늘의 가장 오른쪽 코를 오른손 바늘의 가장 왼쪽 코 위로 덮어씌운다.
각 바늘의 다음 한 쌍의 코를 함께 겉뜨기한다, 오른손 바늘에서 가장 오른쪽 코를 가장 왼쪽 코 위로 보통 코막음하는 대로 덮어씌운다, *~*를 모든 코를 코막음할 때까지 반복한다.

두 번째 양말

첫 번째 양말과 동일하게 뜨는데 무늬도안1B와 무늬도안2B를 참고해서 대칭되는 무늬로 뜬다.

마무리

실을 정리한다. 조심해서 양말을 적셔서, 평평한 곳에 펼쳐 치수에 맞춰 블로킹한다. 마르도록 둔다. 필요하다면 가볍게 스팀 블로킹한다.

■ =겉뜨기(색상B)
□ =겉뜨기(색상A)
◢ =겉뜨기하듯이 1코걸러뜨기, 색상B 실을 사용해서 겉뜨기1, 걸러뜨기한 코를 겉뜨기한 코 위로 덮어씌운다
◣ =왼코줄임(색상B)

무늬도안2A

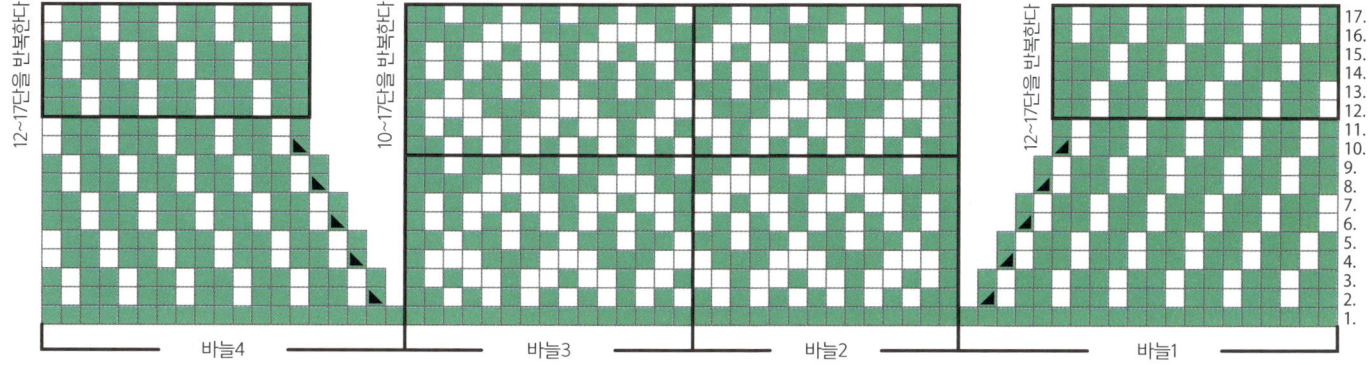

무늬도안2B

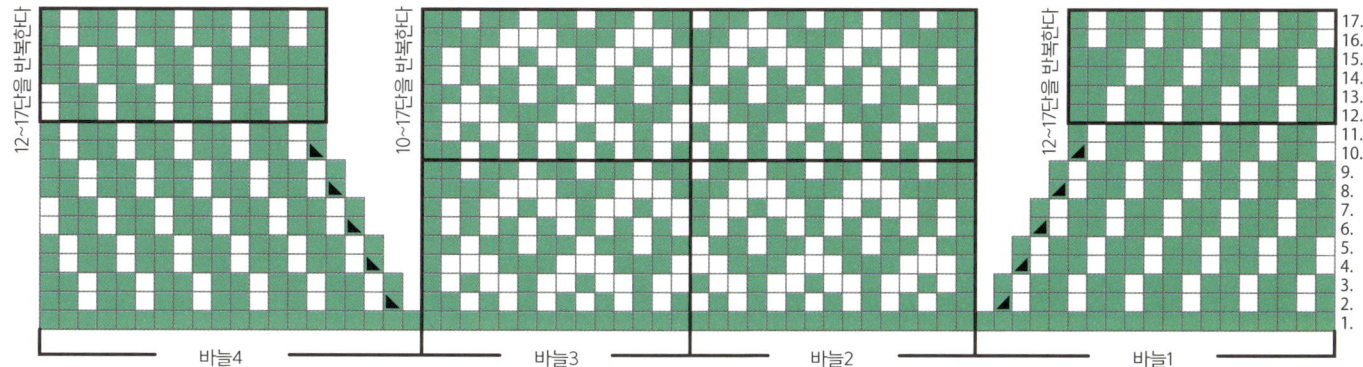

밈블의 허브 정원
MYMBLE'S HERB GARDEN

잎이 무성한 이 양말 속 밈블은 허브 정원이 휴식처가 된다는 걸 발견합니다. 양말목과 발에 초록색 덩굴이 뻗어 있지요. 성인용과 아동용 두 가지 사이즈가 안내되는데, 아동용 양말은 녹색 잎이 양말목 앞쪽까지 이어져 있고, 성인용 양말은 끝에 밈블이 수놓여 있습니다.

디자이너 민투 비크베리

사이즈 UK 아동 7(UK 성인 5), EU 24(38), US 아동 C8(US 여성 7½, US 남성 6)

실
노비타 무미탈로 DK(8합/라이트 워스티드 굵기) 100g/225m 무민트롤 007(색상A 흰색), 스너프킨 381(색상B 녹색), 스노크 152(색상C 하늘색) 각 1볼
큰 사이즈는 수놓을 때 사용할 스팅키 099(색상D 검정), 필리용크 599(색상E 빨강) 소량

실 소요량
두 사이즈 모두 색상A·B 각 50(100)g, 색상C 25g

바늘
3mm 장갑바늘 혹은 정확한 게이지를 얻는 데 필요한 호수의 바늘

기법
원통으로 꼬아고무뜨기:
뒷가닥에 넣어 겉뜨기1, 안뜨기1, *~*을 반복한다.

원통으로 메리야스뜨기:
모든 단 겉뜨기한다.

원통으로 페어아일 뜨기:
무늬도안과 지시사항을 따라 메리야스뜨기한다. 4코 이상 걸쳐지는 플로트는 안면에서 실을 꼬아서 늘어지지 않게 잡아준다. 연속된 단에서 같은 위치에 플로트가 떨어지지 않도록 플로트 잡는 위치를 다양하게 할 것.

텐션(게이지) 페어아일 뜨기 25코=10cm

주의
양말은 발끝에서 발목단으로, 아래에서 위로 뜬다. 큰 사이즈는 양말을 뜬 후 밈블을 수놓는다. 밈블 디자인이 들어갈 부분에서는 긴 플로트를 래더 백 자카드 기법으로 잡는다. 온라인에서 이 방법을 보여주는 동영상과 설명을 찾을 수 있다.

오른쪽 양말

색상B 실을 사용해서 7(9)코 만든다. 앞뒤로 편물을 뒤집어가며 평뜨기로 작업하면서, 안뜨기로 1단 뜨고 겉뜨기로 1단 뜬다. 진행하던 실을 사용해서 코를 만든 가장자리에서 7(9)코 줍는다[총 14(18)코]. 무늬도안1(2A)의 1단을 참고해서 4개의 바늘에 코를 나눈다. 바늘1과 바늘4, 바늘2와 바늘3 사이에 구별되는 단코표시링을 걸어 단 시작을 표시한다. 단의 시작은 양말 옆쪽 바늘1과 바늘4 사이에 있다.

무늬도안1(2A)의 2단에서 시작해서 원통으로 메리야스뜨기하는데, 이와 동시에 다음과 같이 코늘림한다: 바늘1과 바늘3의 시작에서 1코씩 코늘림하고 단코표시링이 있는 바늘2와 바늘4의 끝에서 1코씩 코늘림한다. 코와 코 사이 가닥을 주워 바늘에 걸고 뒷가닥에 넣어 겉뜨기해 코늘림한다. **주의:** 바늘1과 바늘3 시작에서는 편물 앞에서 코 사이의 가닥을 주워 왼손 바늘에 걸고, 바늘2와 바늘4 끝에서는 편물 뒤에서 코 사이의 가닥을 주워 왼손 바늘에 건다. 무늬도안의 3~17(3~18)단을 뜬다. [무늬도안의 6(5)단에서 페어아일 무늬를 뜨기 시작하고 계속해서 무늬도안을 참고해서 코늘림한다.]

계속해서 무늬도안3(4A)의 1단에서 시작해 페어아일 무늬를 뜨는데 발 부분이 발끝에서 12(19)cm가 될 때까지 1~6단을 반복한다.

끼워넣기 뒤꿈치inserted heel의 위치를 표시한다: 바늘3과 바늘4(왼쪽 양말에서는 바늘1과 바늘2)의 11+10(14+14)코를 알아보기 쉬운 별도의 실로 뜬다. 별도의 실을 자른다. 이제 무늬도안을 참고해서, 별도의 실을 사용해 떴던 바늘3과 바늘4(왼쪽 양말에서는 바늘1과 바늘2)의 코를 다시 뜬다. 계속해서 무늬도안3의 1~6단(무늬도안4A의 1~6단)을 뜨고 6단에서 끝낸다.

양말목

아동용 사이즈: 계속해서 별도의 실로 작업한 곳에서 양말목 부분이 약 5cm가 될 때까지 무늬도안3의 1~6단을 반복하며 페어아일 무늬를 뜬다. 단 끝까지 무늬도안을 참고해 뜬다.

성인용 사이즈: 무늬도안4A의 7~59단을 뜬다. 색상A 실을 사용해서 밈블 섹션을 작업한다(밈블은 양말을 뜬 후 덧수로 수놓을 것이다). 이 색상A 섹션에서는 편물 안면에서 래더 백 자카드 기법으로 플로트를 잡는다.

두 사이즈 모두 해당: 마지막으로 색상C 실을 사용해서 꼬아고무뜨기로 2(3)cm 뜬다. 꼬아고무뜨기하면서 코막음한다.

뒤꿈치

조심해서 별도의 실을 제거하고 색상C 실을 사용해서, 구멍의 위와 아래에서 21(28)코씩 줍고 구멍의 양쪽 가장자리에서 추가로 2코씩 줍는다[총 46(60)코]. 양쪽 가장자리의 추가로 주운 코 사이에 단코표시링을 걸어 표시한다. 4개의 바늘에 균등하게 코를 나눈다. 단의 시작은 한쪽 가장자리의 단코표시링이 된다.
원통으로 메리야스뜨기 1단 뜬다.

다음과 같이 코줄임을 시작해 뒤꿈치 모양을 만든다:
바늘1과 바늘3: 겉뜨기1, 뒷가닥에 넣어 왼코줄임, 단 끝까지 겉뜨기한다.
바늘2와 바늘4: 3코 남을 때까지 겉뜨기한다, 왼코줄임, 겉뜨기1.

앞에서 한 방식대로 2단마다 코줄임을 3(4)회 더 하고, 매 단 코줄임을 4(5)회 반복한다[총 14(20)코].

남은 코를 2개의 바늘에 균등하게 위쪽 바늘에 7(10)코 아래쪽 바늘에 7(10)코 나눈다. 메리야스잇기한다. 온라인에서 이 방법을 보여주는 동영상과 설명을 찾을 수 있다.

무늬도안1

1~17단을 뜬다

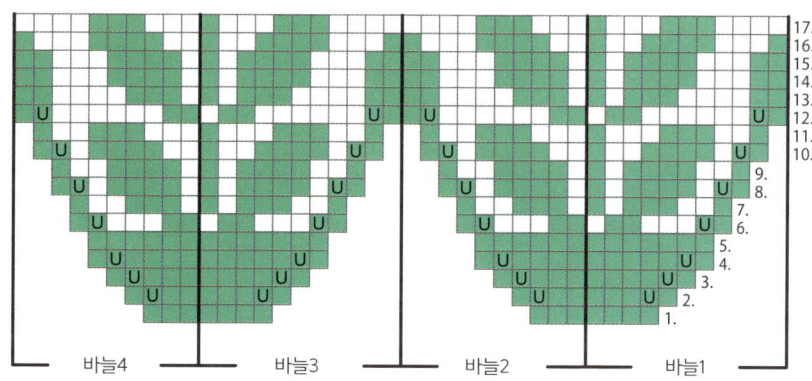

- ■ =겉뜨기(색상B)
- U =코와 코 사이의 가닥을 주워 바늘에 걸고 뒷가닥에 넣어 겉뜨기한다(색상B)
- □ =겉뜨기(색상A)

무늬도안2A

1~18단을 뜬다

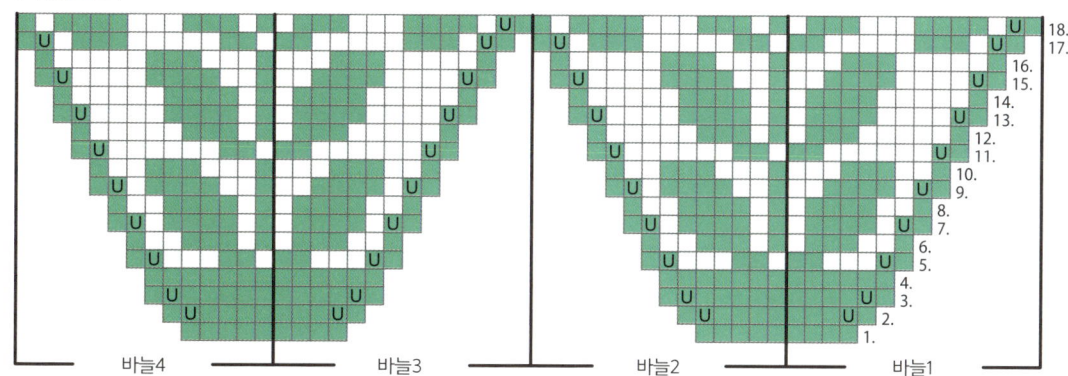

무늬도안2B

1~18단을 뜬다

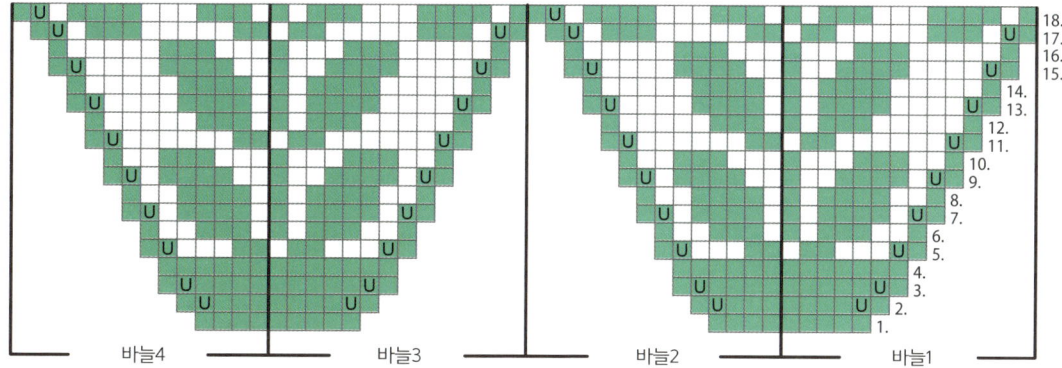

무늬도안3

1~6단을 반복한다

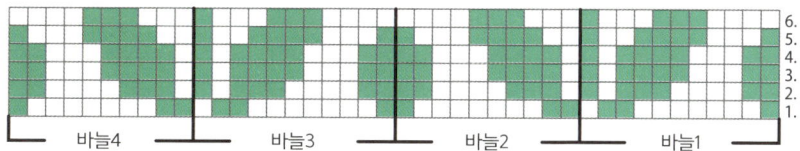

왼쪽 양말

아동용 양말은 오른쪽 양말도 동일하게 뜬다.
성인용 양말은 무늬도안2B와 무늬도안4B를 참고해서 대칭되게 뜬다.

마무리

성인용 양말은 무늬도안4A와 무늬도안4B를 참고해서 덧수 기법으로 밈블을 수놓는다. 색상D 실을 두 가닥으로 나눠 짧은 백 스티치로 얼굴을 수놓는다.

실을 정리한다. 조심해서 양말을 적셔서, 평평한 곳에 펼쳐 치수에 맞춰 블로킹한다. 마르도록 둔다. 필요하다면 가볍게 스팀 블로킹한다.

무늬도안 4B

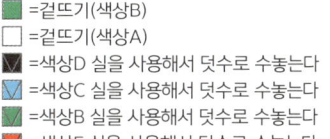

- 🟩 =겉뜨기(색상B)
- ⬜ =겉뜨기(색상A)
- ⬛ =색상D 실을 사용해서 덧수로 수놓는다
- 🟦 =색상C 실을 사용해서 덧수로 수놓는다
- 🟩 =색상B 실을 사용해서 덧수로 수놓는다
- 🟥 =색상E 실을 사용해서 덧수로 수놓는다
- ◪ =색상D 실을 사용해서 백 스티치로 수놓는다

반짝이는 모든 것
ALL THAT GLITTERS

긴 꼬리와 뾰족한 귀를 가진 스니프에게서 영감을 얻은, 섬세하게 배색된 덧수가 인상적인 양말입니다. 양말목의 동전은 페어아일로 작업하고, 양말을 뜬 후 스니프 캐릭터를 덧수로 수놓습니다.

디자이너 소냐 뉘케넨

사이즈 UK 4/5, EU 37/38, US 여성 6½/7½, US 남성 5/6

실
노비타 무미탈로 DK(8합/라이트 워스티드 굵기) 100g/225m
앤세스터 401(색상A 회색) 2볼, 미플 229(색상B 노랑) 1볼, 수놓을 때 사용할 무민트롤 007(색상C 흰색), 스팅키 099(색상D 검정) 소량

노비타 후비레트키 DK(8합/라이트 워스티드 굵기) 50g/112m
수놓을 때 사용할 비치 652(색상E 갈색) 소량

실 소요량
색상A 150g, 색상B 50g

바늘
3mm 장갑바늘 혹은 정확한 게이지를 얻는 데 필요한 호수의 바늘

기법
원통으로 고무뜨기:
겉뜨기1, 안뜨기1, *~*을 반복한다.

원통으로 고무뜨기:
겉뜨기2, 안뜨기2, *~*를 반복한다.

원통으로 메리야스뜨기:
모든 단 겉뜨기한다.

원통으로 페어아일 뜨기:
무늬도안과 지시사항을 따라 메리야스뜨기한다. 3코 이상 걸쳐지는 플로트는 안면에서 실을 꼬아서 늘어지지 않게 잡아준다. 연속된 단에서 같은 위치에 플로트가 떨어지지 않도록 플로트 잡는 위치를 다양하게 할 것.

텐션(게이지) 메리야스뜨기 24코=10cm

주의
양말은 발목단에서 발끝으로, 위에서 아래로 뜬다. 스니프와 양말목의 동전 위 숫자는 마지막에 덧수와 백 스티치로 수놓는다. 스니프의 윤곽선은 실을 두 가닥으로 나눠서 작업한다.

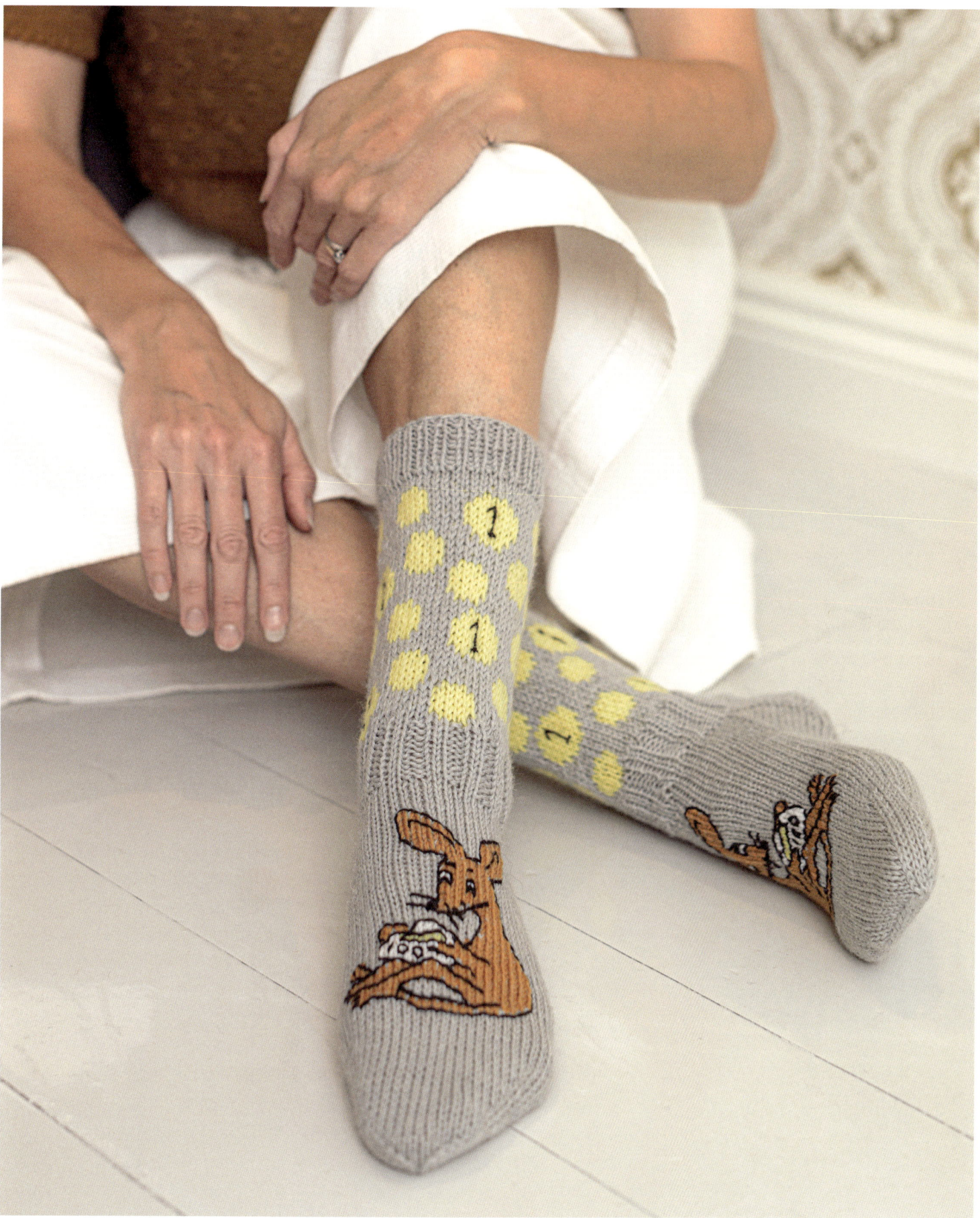

양말목

색상A 실을 사용해서 60코 만든다. 4개의 바늘에 균등하게 15코씩 나눈다. 단의 시작은 양말 뒤쪽 바늘1과 바늘4 사이에 있다. 코가 꼬이지 않도록 조심하며 원통으로 이어서 겉뜨기1, 안뜨기1을 반복하는 고무뜨기로 3cm 뜬다. 겉뜨기로 2단 뜬다.

무늬도안1의 1단을 참고해 30코 무늬를 2회 반복하며 페어아일 무늬를 뜨기 시작한다. 무늬도안의 2~16단을 뜨고 1~16단을 반복한다.

색상B 실을 자르고 색상A 실을 사용해서 양말의 나머지 부분을 뜬다. 겉뜨기로 1단 뜨는데 단 전체에 고르게 분배해 4코 코줄임한다(총 56코).

겉뜨기2, 안뜨기2를 반복하는 고무뜨기로 3cm 뜬다. 고무뜨기를 더 깔끔하게 만들려면, 각 바늘에 동일한 콧수가 되도록 코를 나눈다. 고무뜨기 마지막 단에서 단 전체에 고르게 분배해 4코 코줄임한다(총 52코). 각 바늘에 균등하게 13코씩 나눈다.

뒤꿈치

바늘1의 코를 겉뜨기해 바늘4로 옮기며 뒤꿈치를 만들기 시작한다(힐플랩 26코). 바늘2와 바늘3에 남은 코는 쉼코로 둔다. 편물을 뒤집는다. 겉뜨기2, 안뜨기22, 겉뜨기2. 편물을 뒤집는다. 다음과 같이 가장자리는 가터뜨기로 뜨고 걸러뜨기 무늬를 시작해 뒤꿈치를 보강한다:
1단(겉면): 겉뜨기2, *(실을 편물 뒤에 두고) 1코걸러뜨기, 겉뜨기1*, 2코 남을 때까지 *~*을 반복한다, 겉뜨기2. 편물을 뒤집는다.
2단(안면): 겉뜨기2, 2코 남을 때까지 안뜨기한다, 겉뜨기2. 편물을 뒤집는다.
1~2단을 총 13회 반복한다(총 26단).

다음과 같이 코줄임을 시작해 뒤꿈치 모양을 만든다:
계속해서 동일한 걸러뜨기 무늬로 뒤꿈치를 보강한다. 겉면 단에서 시작해서, 왼손 바늘에 9코 남을 때까지 무늬대로 뜬다, 오른코줄임, 편물을 뒤집는다.

계속해서 다음과 같이 가장자리에서 2코 가터뜨기를 하지 않고 걸러뜨기 무늬로 작업한다:

무늬도안1

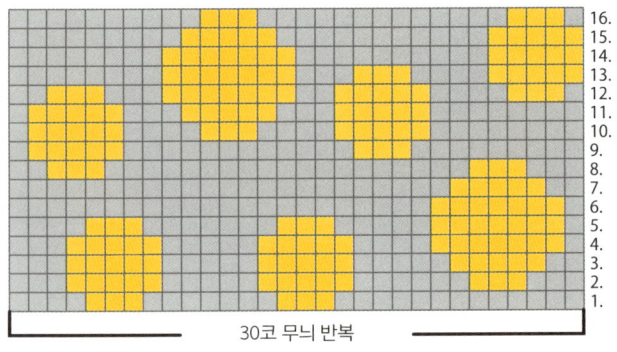

1~16단을 반복한다

30코 무늬 반복

■ =겉뜨기(색상A)
■ =겉뜨기(색상B)

안뜨기하듯이 1코걸러뜨기, 왼손 바늘에 9코 남을 때까지 안면에서 8코 안뜨기한다, 안뜨기로 2코모아뜨기, 편물을 뒤집는다. 겉면 단에서 시작해서, 겉뜨기하듯이 1코걸러뜨기, 왼손 바늘에 8코 남을 때까지 무늬대로 뜬다, 오른코줄임, 편물을 뒤집는다.

계속해서 앞에서 한 방식대로 앞뒤로 편물을 뒤집어가며 평뜨기로 작업한다. 즉 단의 첫 번째 코는 항상 걸러뜨기하고, 겉면 단 끝에서는 오른코줄임하고, 안면 단 끝에서는 안뜨기로 2코모아뜨기한다. 중심에는 항상 10코가 남아 있고 양쪽 가장자리의 콧수는 매 단 1코씩 줄어든다. 안면 단에서 중심 양옆의 코가 모두 소진되어 코줄임이 끝나면, 겉면에서 겉뜨기로 5코 뜬다. 이 지점(뒷중심)이 이제 단 시작이다.

발

뒤꿈치의 왼쪽 바늘(바늘1)의 5코 겉뜨기한다. 여분의 바늘을 사용해서, 힐플랩의 왼쪽 가장자리를 따라 13코+힐플랩과 바늘2 사이에서 1코 줍는다. 주운 코를 겉뜨기하면서 바늘 1로 옮기는데, 주운 코의 뒷가닥에 넣어서 겉뜨기한다. 바늘2와 바늘3의 코를 겉뜨기한다. 5코가 있는 바늘을 사용해서, 힐플랩의 오른쪽 가장자리를 따라 13코+힐플랩과 바늘3 사이에서 1코 줍는다. 주운 코와 뒤꿈치의 5코를 겉뜨기해 바늘4로 옮기는데, 주운 코의 뒷가닥에 넣어서 겉뜨기한다. 이제 총 64코 있다.

계속해서 메리야스뜨기하면서 다음과 같이 거짓 코줄임한다: 바늘1 끝에서 왼코줄임하고, 바늘4 시작에서 오른코줄임한다. 총 52코 남을 때까지 2단마다 이 코줄임을 반복한다.

양말의 발 부분이 약 18cm가 될 때까지 혹은 신을 사람의 새끼 발가락을 덮을 때까지 메리야스뜨기한다.

이제 무늬도안2A를 참고해서 양말 발 앞중심에 스니프를 덧수로 수놓는다. 양말목의 동전 위 숫자는 백 스티치로 수놓는다.

계속해서 메리야스뜨기하면서 다음과 같이 코줄임해 헛간지붕 모양 발끝을 만든다:
바늘1과 바늘3: 3코 남을 때까지 겉뜨기한다, 왼코줄임, 겉뜨기1.
바늘2와 바늘4: 겉뜨기1, 오른코줄임, 단 끝까지 겉뜨기한다.

앞에서 한 방식대로 총 28코 남을 때까지 2단마다 코줄임하고 총 8코 남을 때까지 매 단 코줄임한다. 실을 자르고 남은 코 사이로 통과시킨다.

두 번째 양말
동일한 방식으로 뜨는데 스니프 디자인을 뜰 때는 무늬도안2B를 참고한다.

마무리
실을 정리한다. 조심해서 양말을 적셔서, 평평한 곳에 펼쳐 치수에 맞춰 블로킹한다. 마르도록 둔다. 필요하다면 양말을 천으로 덮어 가볍게 스팀 블로킹한다.

- ■ =색상E 실을 사용해서 덧수로 수놓는다
- ■ =색상B 실을 사용해서 덧수로 수놓는다
- □ =색상C 실을 사용해서 덧수로 수놓는다
- ╱ =색상D 실을 사용해서 백 스티치로 수놓는다

무늬도안2A

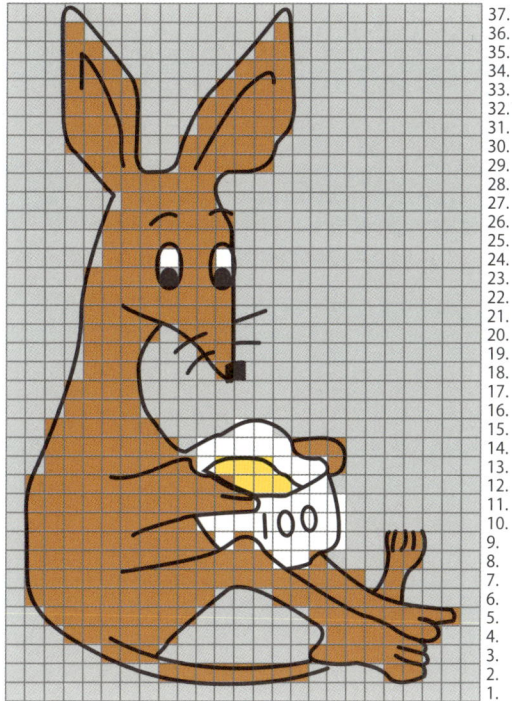

무늬도안2B

헤물렌의 정원
THE HEMULEN'S GARDEN

이 화려한 꽃무늬 양말은 헤물렌의 자연에 대한 사랑에서 영감을 받았습니다. 발목의 아름다운 모크케이블 무늬가 뒤꿈치까지 이어지며 별 모양 발끝 star toe으로 마무리된 사랑스러운 양말입니다.

디자이너 소냐 뉘케넨

사이즈 UK 5/6, EU 38/39, US 여성 7½/8½, US 남성 6/7

실
노비타 무미탈로 DK(8합/라이트 워스티드 굵기) 100g/225m
무민트롤 007(색상A 흰색), 헤물렌 720(색상B 연보라) 각 2볼

실 소요량
색상A·B 각 150g

바늘
3mm 장갑바늘 혹은 정확한 게이지를 얻는 데 필요한 호수의 바늘

기법
원통으로 레이스 뜨기:
무늬도안과 지시사항을 참고한다.

원통으로 메리야스뜨기:
모든 단 겉뜨기한다.

원통으로 페어아일 뜨기:
무늬도안과 지시사항을 따라 메리야스뜨기한다. 4코 이상 걸쳐지는 플로트는 안면에서 실을 꼬아서 늘어지지 않게 잡아준다. 연속된 단에서 같은 위치에 플로트가 떨어지지 않도록 플로트 잡는 위치를 다양하게 할 것.

원통으로 모크케이블 뜨기:
무늬도안과 지시사항을 참고한다.

텐션(게이지) 페어아일 뜨기 25코=10cm

주의
양말은 발목단에서 발끝으로, 위에서 아래로 뜬다.

양말목

색상A 실을 사용해서 70코 만든다. 4개의 바늘에 다음과 같이 코를 나눈다: 바늘1과 바늘3에 각 20코, 바늘2와 바늘4에 각 15코. 단의 시작은 양말 뒤쪽 바늘1과 바늘4 사이에 있다.

코가 꼬이지 않도록 조심하며 원통으로 잇는다. 무늬도안1의 1단을 참고해서 5코 무늬를 14회 반복하며 원통으로 레이스 무늬를 뜨기 시작한다. 무늬도안의 1~6단을 3회 반복한다(총 18단).

무늬도안1

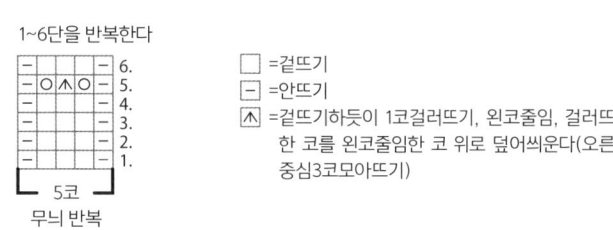

겉뜨기로 2단 뜨는데, 첫 번째 단에서 단 전체에 고르게 분배해 2코 코늘림한다(총 72코). 각 바늘에 18코씩 균등하게 나눈다.

72코 모두를 사용해 무늬도안2의 1단을 참고해서 페어아일 무늬를 뜨기 시작한다. 무늬도안의 2~60단을 뜬다. 무늬도안에 표시된 곳에서 코줄임한다(총 64코).

색상A 실을 사용해서 겉뜨기로 1단 뜨는데, 단 전체에 고르게 분배해 4코 코줄임한다(총 60코). 각 바늘에 15코씩 균등하게 나눈다.

색상A 실로 무늬도안3의 1단을 참고해서 5코 무늬를 12회 반복하며 모크케이블 무늬를 뜨기 시작한다. 무늬도안의 1~4단을 5회 뜨고 나서 다시 1~3단을 뜬다(총 23단).

무늬도안3

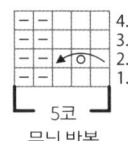

뒤꿈치

바늘1의 마지막 코를 바늘2로 옮기고, 바늘3의 마지막 코를 바늘4로 옮긴다. 바늘1의 코를 떠서 바늘4로 옮기며 뒤꿈치 모양을 만들기 시작하는데, 겉뜨기 코는 겉뜨기하고 안뜨기 코는 안뜨기한다(단은 안뜨기 1코로 끝날 것이다)(힐플랩 30코). 바늘2와 바늘3에 남은 코를 쉼코로 둔다. 편물을 뒤집는다. 계속해서 겉뜨기 코는 겉뜨기하고 안뜨기 코는 안뜨기하며 1단을 뜬다.

계속해서 무늬도안4를 참고해서 평뜨기로 모크케이블 무늬를 뜬다: 무늬도안의 오른쪽 가장자리에서 1단(겉면)을 시작한다, 5코 무늬를 5회 반복하고, 왼쪽 가장자리에서 겉뜨기로 1코 뜬다. 무늬도안 1~4단을 6회 뜨고 나서 다시 1~2단을 뜬다(총 26단).

무늬도안4

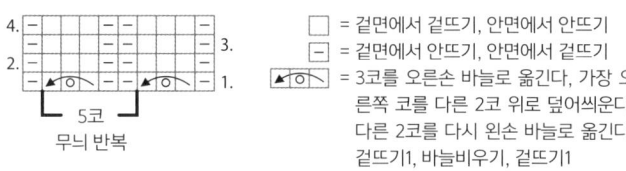

메리야스뜨기하면서 다음과 같이 프렌치 힐(둥근 뒤꿈치)을 만들기 시작한다:

1단(겉면): (실을 편물 뒤에 두고) 1코걸러뜨기, 겉뜨기16, 오른코줄임, 겉뜨기1. 편물을 뒤집는다.
2단(안면): 안뜨기하듯이 1코걸러뜨기, 안뜨기5, 안뜨기로 2코모아뜨기, 안뜨기1. 편물을 뒤집는다.
3단(겉면): 겉뜨기하듯이 1코걸러뜨기, 겉뜨기6, 오른코줄임, 겉뜨기1. 편물을 뒤집는다.
4단(안면): 안뜨기하듯이 1코걸러뜨기, 안뜨기7, 안뜨기로 2코모아뜨기, 안뜨기1. 편물을 뒤집는다.
5단(겉면): 겉뜨기하듯이 1코걸러뜨기, 겉뜨기8, 오른코줄임, 겉뜨기1. 편물을 뒤집는다.

계속해서 각 단 중심의 콧수는 매 단 1코씩 늘어나고, 겉면 단 안면 단 모두 마지막 코가 힐플랩의 바로 옆에 있고, 18코 남을 때까지 이런 방식으로 코줄임한다. 마지막으로 뜨는 단은 안면 단이 될 것이다.

무늬도안2

1~60단을 뜬다

| = 겉뜨기(색상B)
| = 겉뜨기(색상A)
▼ = 겉뜨기하듯이 1코 걸러뜨기, 색상B 실로 겉뜨기1, 걸러뜨기한 코를 겉뜨기한 코 위로 덮어씌운다
◣ = 왼코줄임(색상B)
▼ = 겉뜨기하듯이 1코 걸러뜨기, 색상A 실로 겉뜨기1, 걸러뜨기한 코를 겉뜨기한 코 위로 덮어씌운다
◢ = 왼코줄임(색상A)

뒤꿈치 코를 2개의 바늘에 균등하게 9코씩 나눈다. 오른손 바늘의 코를 겉뜨기한다. 이 지점(뒷중심)이 이제 단 시작이다. 바늘2와 바늘3에 균등하게 15코씩 나눈다.

발

뒤꿈치의 왼쪽 바늘(바늘1)의 9코 겉뜨기한다. 여분의 바늘을 사용해서, 힐플랩의 왼쪽 가장자리를 따라 14코+힐플랩과 바늘2 사이에서 1코 줍는다. 주운 코를 겉뜨기하면서 바늘 1로 옮기는데, 주운 코의 뒷가닥에 넣어서 겉뜨기한다. 바늘2와 바늘3의 코를 겉뜨기한다. 9코가 있는 바늘을 사용해서, 힐플랩의 오른쪽 가장자리를 따라 14코+힐플랩과 바늘3 사이에서 1코 줍는다. 주운 코와 뒤꿈치 9코를 겉뜨기하면서 바늘4로 옮기는데, 주운 코의 뒷가닥에 넣어서 겉뜨기한다. 이제 총 78코 있고 무늬도안5A의 1단을 떴다.

무늬도안5A의 2~42단을 뜬다. 무늬도안을 참고해서 다음과 같이 거싯 코줄임한다: 바늘1 끝에서 왼코줄임하고, 바늘4 시작에

무늬도안5A

1~42단을 뜬다

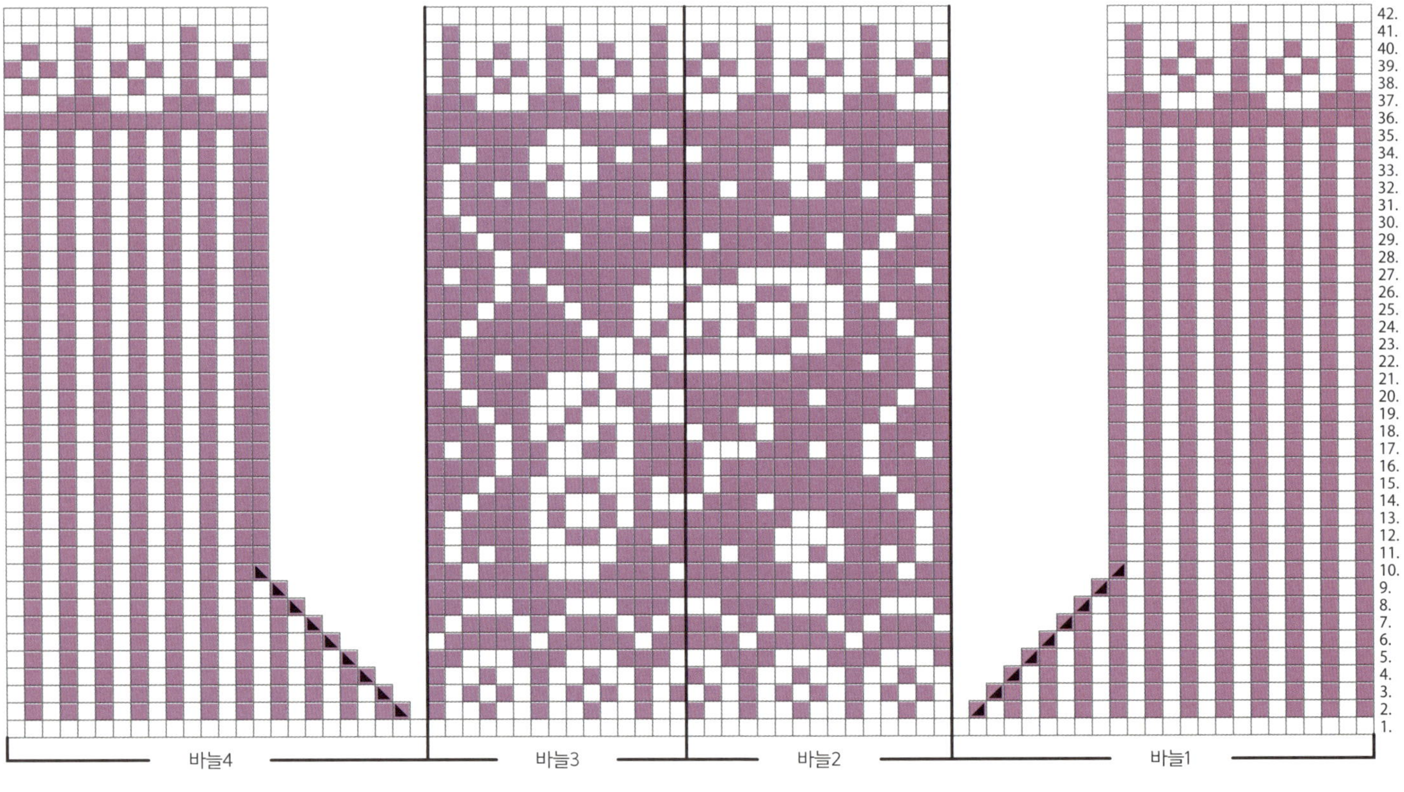

서 오른코줄임한다. 총 60코 남을 때까지 매 단 코줄임한다. 계속해서 무늬도안5A 끝까지 뜬다.

색상B 실을 자른다. 필요하다면 양말의 발 부분이 신을 사람의 새끼발가락을 완전히 덮을 때까지 색상A 실을 사용해서 추가로 메리야스뜨기 몇 단을 더 뜬다(이 양말은 발끝이 짧다).

계속해서 메리야스뜨기하면서 다음과 같이 별 모양 발끝을 만들기 시작한다: 각 바늘의 끝에서 뒷가닥에 넣어 왼코줄임한다. 이 코줄임을 총 8코 남을 때까지 매 단 반복한다. 실을 자르고 남은 코 사이로 통과시킨다.

두 번째 양말을 동일한 방법으로 진행하는데 발 부분은 무늬도안5B를 참고한다.

마무리

실을 정리한다. 조심해서 양말을 적셔서, 평평한 곳에 펼쳐 치수에 맞춰 블로킹한다. 마르도록 둔다. 필요하다면 가볍게 스팀 블로킹한다.

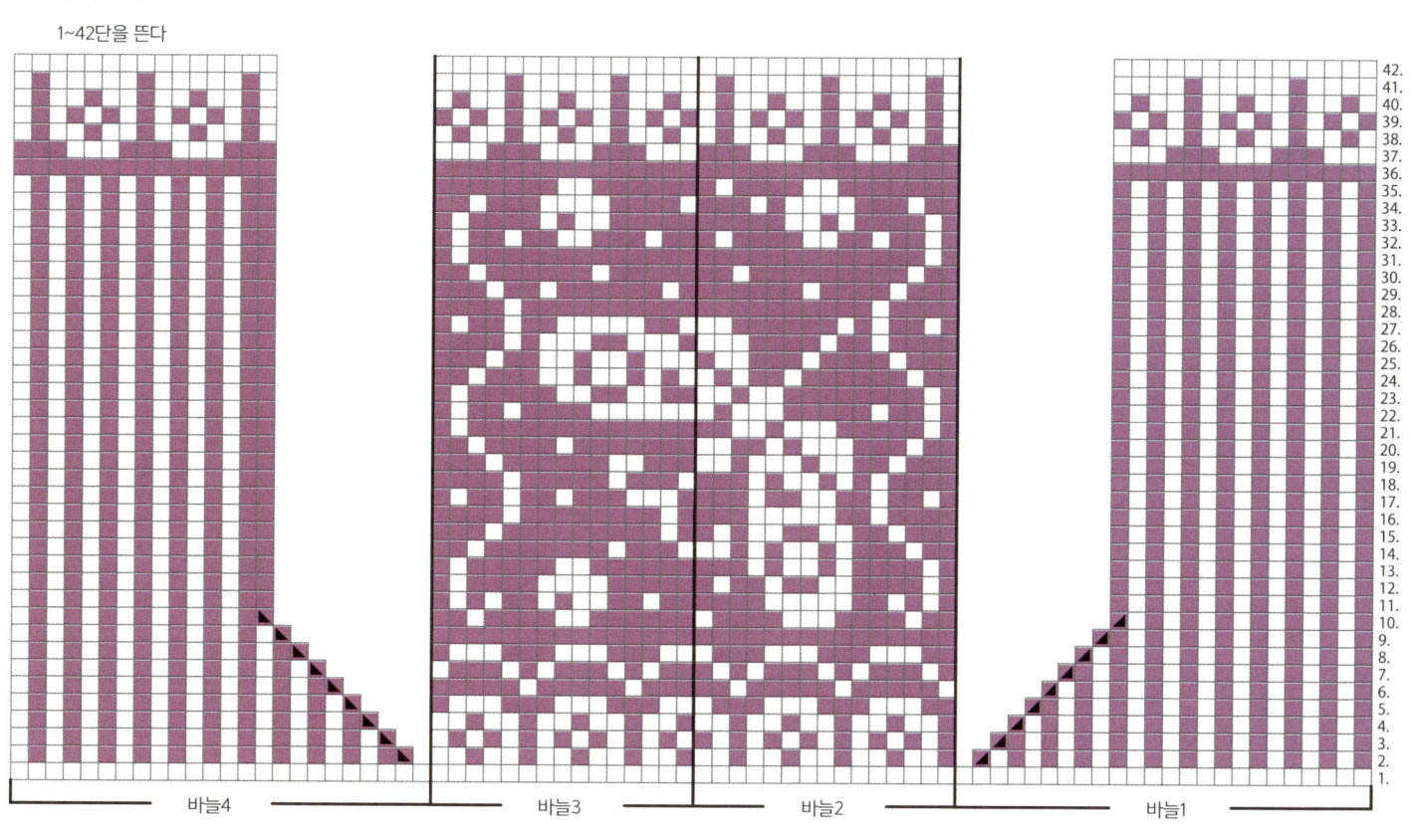

무늬도안5B

1~42단을 뜬다

혼자서 생각하는 투티키
AN INDEPENDENT THINKER

친절한 투티키가 부두에 서 있어요. 밝은 색상 팔레트와 빠르게 변화하는 디자인이 흥미로운 뜨개 도안입니다. 색상이 변화하는 페어아일 무늬는 플로트가 짧아 뜨기 쉽습니다. 이 양말은 성인용과 아동용 버전이 따로 있습니다.

디자이너 민투 비크베리

사이즈 UK 아동 7(UK 성인 5), EU 24(38), US 아동 7(US 여성 7½, US 남성 6)

실
노비타 무미탈로 DK(8합/라이트 워스티드 굵기) 100g/225m
무민트롤 007(색상A 흰색), 필리용크 599(색상B 빨강), 스노크 152(색상C 하늘색), 미플 229(색상D 노랑), 스팅키 099(색상E 검정) 각 1볼
큰 사이즈는 수놓을 때 사용할 스노크메이든 507(색상F 분홍) 혹은 여타 분홍색 실 소량

실 소요량
색상A 50(100)g, 색상B 25(50)g, 색상CE 소량(25g), 색상D 소량(50g)

바늘
3mm 장갑바늘 혹은 정확한 게이지를 얻는 데 필요한 호수의 바늘

기법
원통으로 꼬아고무뜨기:
뒷가닥에 넣어 겉뜨기1, 안뜨기1, *~*을 반복한다.

원통으로 메리야스뜨기:
모든 단 겉뜨기한다.

원통으로 페어아일 뜨기:
무늬도안과 지시사항을 따라 메리야스뜨기한다. 4코 이상 걸쳐지는 플로트는 안면에서 실을 꼬아서 늘어지지 않게 잡아준다. 연속된 단에서 같은 위치에 플로트가 떨어지지 않도록 플로트 잡는 위치를 다양하게 할 것.

텐션(게이지) 페어아일 뜨기 25코=10cm

주의
양말은 발목단에서 발끝으로, 위에서 아래로 뜬다. 뒤꿈치는 마지막에 끼워넣는다. 성인용 사이즈는 투티키의 얼굴과 모자와 바지 부분을 지시사항에 따라 마지막에 수놓는다.

양말목

색상A 실을 사용해서 42(68)코 만든다. 다음과 같이 4개의 바늘에 코를 나눈다: 바늘1에 11(20)코, 바늘2에 10(14)코, 바늘3에 10(14)코, 바늘4에 11(20)코. 단의 시작은 양말 뒤쪽 바늘1과 바늘4 사이에 있다.

코가 꼬이지 않도록 조심하며 원통으로 이어서 꼬아고무뜨기로 2(3)cm 뜬다. 색상A 실을 사용해서 겉뜨기로 1단 뜬다.

무늬도안1(2A)의 1단을 참고해서 페어아일 무늬를 뜨기 시작한다. 계속해서 다음과 같이 작업한다:

아동용 사이즈: 계속해서 양말목 부분이 약 8cm가 될 때까지 혹은 원하는 길이가 될 때까지 무늬도안 2단에서 시작해 페어아일 무늬를 뜬다.

성인용 사이즈: 무늬도안의 2~52단을 뜬다. 무늬도안의 표시된 곳에서 코줄임한다 **주의:** 양말을 뜬 후 마지막에 색상C 실을 사용해 8단과 9단에 표시된 코를 덧수로 수놓고, 투티키의 얼굴을 백 스티치와 새틴 스티치로 수놓고, 색상E 실을 사용해서 42단과 43단의 코를 덧수로 수놓는다. 양말을 뜨는 과정에서 이 코들은 색상A 실로 작업한다.

두 사이즈 모두 해당: 다음 단에서, 끼워넣기 뒤꿈치의 위치를 표시한다. 다음 단은 무늬도안을 참고해서 바늘1~3에 있는 코를 뜬다. 알아보기 쉬운 별도의 실을 사용해서 바늘4와 바늘1의 코를 뜬다. 별도의 실을 자른다. 바늘4의 코를 다시 뜨고 무늬도안을 참고해서 단 끝까지 뜬다[총 42(56)코].

무늬도안1

62

발

계속해서 바늘1에 있는 별도의 실로 뜬 코 위에 뜨기 시작해, 발 부분이 별도의 실로 표시한 뒤꿈치에서 8(14)cm가 될 때까지 페어아일 무늬도안을 참고해 작업한다. 무늬도안을 끝까지 진행하지 않고 끝내도 된다. 반대로 무늬도안을 다 뜨고 나서도 더 길게 뜨고 싶다면, 아동용 사이즈의 1단이나 성인용 사이즈의 57단에서 무늬도안 반복을 시작하면 된다.

색상A 실을 사용해서 겉뜨기로 1단 뜬다. 색상B 실을 사용해서 양말을 마무리하는데, 이와 동시에 발끝 코줄임을 시작한다. **주의:** 만약 모티프가 미완성 상태라면, 몇 단을 더 떠서 해당 모티프를 완성한 다음에 발끝 코줄임을 시작한다. 색상A 실을 사용해서 겉뜨기로 1단 뜬다, 색상B 실을 사용해서 발끝을 완성한다. 아동용 사이즈의 경우, 빨간색 섹션의 첫 번째 단에서 바늘1과 바늘4에서 1코씩 코줄임해 모든 바늘에 같은 콧수가 있도록 한다.

다음과 같이 헛간지붕 모양 발끝을 작업한다:
바늘1과 바늘3: 3코 남을 때까지 겉뜨기한다, 왼코줄임, 겉뜨기1.
바늘2와 바늘4: 겉뜨기1, 오른코줄임, 단 끝까지 겉뜨기한다.

앞에서 한 방식대로 총 24코 남을 때까지 2단마다 코줄임하고 총 8코 남을 때까지 매 단 코줄임한다. 실을 자르고 남은 코 사이로 통과시킨다.

뒤꿈치

조심해서 별도의 실을 제거하고 색상C 실을 사용해서, 구멍의 위와 아래에서 22(28)코씩 줍고 구멍의 양쪽 가장자리에서 추가로 2코씩 줍는다[총 48(60)코]. 양쪽 가장자리의 추가로 주운 코 사이에 단코표시링을 걸어 표시한다. 4개의 바늘에 균등하게 코를 나눈다. 단의 시작은 한쪽 가장자리의 단코표시링이 된다.
원통으로 메리야스뜨기 1단 뜬다.

다음과 같이 코줄임을 시작해 뒤꿈치 모양을 만든다:
바늘1과 바늘3: 겉뜨기1, 뒷가닥에 넣어 왼코줄임, 단 끝까지 겉뜨기한다.
바늘2와 바늘4: 3코 남을 때까지 겉뜨기한다, 왼코줄임, 겉뜨기1.

앞에서 한 방식대로 2단마다 코줄임을 3(4회) 더 하고, 매 단 코줄임을 4(5)회 반복한다[총 16(20)코].

남은 코를 2개의 바늘에 균등하게, 위쪽 바늘에 8(10)코 아래쪽 바늘에 8(10)코를 나눈다. 메리야스잇기한다. 온라인에서 이 방법을 보여주는 동영상과 설명을 찾을 수 있다.

두 번째 양말

아동용은 첫 번째 양말과 동일하게 뜨고, 성인용은 무늬도안2B를 참고해서 대칭되는 무늬로 뜬다.

마무리

성인용 사이즈: 색상E 실을 두 가닥으로 나눠 짧은 백 스티치로 얼굴을 수놓는다. 새틴 스티치로 색상C 실을 사용해서 눈을, 색상F 실을 사용해서 분홍색 볼을 수놓는다. 색상E 실을 사용해서 프렌치노트 스티치로 눈동자를 수놓는다. 8, 9, 42, 43단에서 무늬도안에 표시된 코를 덧수로 수놓는다.

실을 정리한다. 조심해서 양말을 적셔서, 평평한 곳에 펼쳐 치수에 맞춰 블로킹한다. 마르도록 둔다. 필요하다면 가볍게 스팀 블로킹한다.

=겉뜨기(색상C)
=겉뜨기(색상A)
=겉뜨기(색상D)
=겉뜨기(색상B)
=겉뜨기(색상E)
=뒷가닥에 넣어 왼코줄임(색상A)
=왼코줄임(색상A)
=뒷가닥에 넣어 왼코줄임(색상B)
=왼코줄임(색상B)
=뒷가닥에 넣어 왼코줄임(색상E)
=왼코줄임(색상E)
=색상C/E 실을 사용해서 덧수로 수놓는다
=색상E 실을 사용해서 백 스티치로 수놓는다
=색상C/F 실을 사용해서 새틴 스티치로 수놓는다
=색상E 실을 사용해서 프렌치노트 스티치로 수놓는다

무늬도안2B

크리스마스 다가오네
CHRISTMAS IS COMING

이 인상적인 긴 양말은 크리스마스 분위기를 물씬 풍겨요. 케이블 발목단 아래에서 무민들이 트리를 꾸미고 있지요. 발목의 모크케이블 무늬는 뒤꿈치까지 이어집니다. 발바닥의 경쾌한 스트라이프 무늬와 짝을 이루는 하트가 발등을 장식하고 있습니다.

디자이너 소냐 뉘케넨
사이즈 UK 5/6, EU 38/39, US 여성 7½/8½, US 남성 6/7

실
노비타 무미탈로 DK(8합/라이트 워스티드 굵기) 100g/225m
무민트롤 007(색상A 흰색), 필리용크 599(색상B 빨강) 각 2볼

실 소요량
색상A·B 각 150g

바늘
3mm 장갑바늘 혹은 정확한 게이지를 얻는 데 필요한 호수의 바늘
꽈배기바늘

기법
원통으로 케이블 뜨기:
무늬도안과 지시사항을 따른다.

원통으로 메리야스뜨기:
모든 단 겉뜨기한다.

원통으로 페어아일 뜨기:
무늬도안과 지시사항을 따라 메리야스뜨기한다. 4코 이상 걸쳐지는 플로트는 안면에서 실을 꼬아서 늘어지지 않게 잡아준다. 연속된 단에서 같은 위치에 플로트가 떨어지지 않도록 플로트 잡는 위치를 다양하게 할 것.

원통으로 모크케이블 뜨기, 평뜨기로 모크케이블 뜨기:
무늬도안과 지시사항을 따른다.

텐션(게이지) 페어아일 뜨기 25코=10cm

주의
양말은 발목단에서 발끝으로, 위에서 아래로 뜬다. 무민의 얼굴은 양말을 뜨고 나서 지시사항을 따라 수놓는다.

양말목

색상A 실을 사용해서 72코 만든다. 4개의 바늘에 18코씩 균등하게 나눈다. 단의 시작은 양말 뒤쪽 바늘1과 바늘4의 사이에 있다.

코가 꼬이지 않도록 조심하며 원통으로 잇는다. 무늬도안1의 1단에서 시작해 6코 무늬를 12회 반복하며 원통으로 케이블 무늬를 뜨기 시작한다. 무늬도안의 2~16단을 뜬다.

72코 모두를 사용해 무늬도안2의 1단을 참고해서 페어아일 무늬를 뜨기 시작한다. 무늬도안의 2~68단을 뜬다. 다음과 같이 무늬도안에 표시된 곳에서 코줄임한다: 코줄임이 양말 뒤쪽에서 같은 높이로 보이도록, 단 끝에서 오른코줄임하고 다음 단 시작에서 왼코줄임한다. **주의:** 52단에서 다음과 같이 바늘에 코를 나눈다: 바늘1에 18코, 바늘2에 15코, 바늘3에 15코, 바늘4에 18코.
무늬도안2의 끝에서 총 60코가 있을 것이다.

무늬도안3의 1단에서 시작해 5코 무늬를 12회 반복하며, 색상A 실을 사용해서 원통으로 모크케이블 무늬를 뜨기 시작한다. 무늬도안 1~4단을 5회 반복하고 무늬도안의 1~3단을 뜬다(총 23단).

뒤꿈치

바늘1의 마지막 코를 바늘2로 옮기고, 바늘3의 마지막 코를 바늘4로 옮긴다. 바늘1의 코를 겉뜨기해 바늘4로 옮기며 뒤꿈치 모양을 만들기 시작하는데, 겉뜨기 코는 겉뜨기하고 안뜨기 코는 안뜨기한다(단은 안뜨기 1코로 끝날 것이다)(힐플랩 30코). 바늘2와 바늘3에 남은 코를 쉼코로 둔다. 편물을 뒤집는다. 계속해서 겉뜨기 코는 겉뜨기하고 안뜨기 코는 안뜨기하면서 1단을 뜬다.

계속해서 무늬도안4를 참고해 다음과 같이 평뜨기로 모크케이블 무늬를 작업한다: 무늬도안의 오른쪽 가장자리에서 1단(겉면)을 시작한다, 5코 무늬를 5회 반복하고 왼쪽 가장자리에서 겉뜨기1. 무늬도안 1~4단을 6회 반복하고 1~2단을 뜬다(총 26단).

메리야스뜨기하면서 다음과 같이 프렌치 힐(둥근 뒤꿈치)을 만들기 시작한다:

1단(겉면): (실을 편물 뒤에 두고) 1코걸러뜨기, 겉뜨기16, 오른코줄임, 겉뜨기1. 편물을 뒤집는다.
2단(안면): 안뜨기하듯이 1코걸러뜨기, 안뜨기5, 안뜨기로 2코 모아뜨기, 안뜨기1. 편물을 뒤집는다.
3단(겉면): 겉뜨기하듯이 1코걸러뜨기, 겉뜨기6, 오른코줄임, 겉뜨기1. 편물을 뒤집는다.
4단(안면): 안뜨기하듯이 1코걸러뜨기, 안뜨기7, 안뜨기로 2코 모아뜨기, 안뜨기1. 편물을 뒤집는다.
5단(겉면): 겉뜨기하듯이 1코걸러뜨기, 겉뜨기8, 오른코줄임, 겉뜨기1. 편물을 뒤집는다.

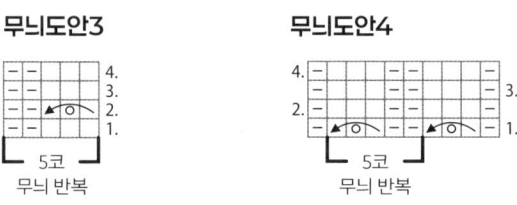

무늬도안2

1~68단을 뜬다

- □ =겉뜨기(색상A)
- ■ =겉뜨기(색상B)
- ◤ =겉뜨기하듯이 1코걸러뜨기, 색상B 실로 겉뜨기1, 걸러뜨기한 코를 겉뜨기한 코 위로 덮어씌운다
- ◤ =왼코줄임(색상B)
- ◤ =겉뜨기하듯이 1코걸러뜨기, 색상A 실로 겉뜨기1, 걸러뜨기한 코를 겉뜨기한 코 위로 덮어씌운다
- ╱ =색상B 실을 사용해서 백 스티치로 수놓는다

바늘4 · 바늘3 · 바늘2 · 바늘1
72코 무늬

계속해서 매 단 중심의 콧수는 1코씩 늘어나고, 겉면 단 안면 단 모두 마지막 코가 힐플랩의 바로 옆에 있고, 18코 남을 때까지 이런 방식으로 코줄임한다. 마지막으로 뜨는 단은 안면 단이 될 것이다.

뒤꿈치 코를 2개의 바늘에 9코씩 균등하게 나눈다. 오른손 바늘의 코를 겉뜨기한다. 이 지점(뒷중심)이 이제 단 시작이다. 바늘2와 바늘3에 균등하게 15코씩 나눈다.

발

뒤꿈치의 왼쪽 바늘(바늘1)의 9코를 겉뜨기한다. 여분의 바늘을 사용해서, 힐플랩의 왼쪽 가장자리를 따라 14코+힐플랩과 바늘2 사이에서 1코 줍는다. 주운 코를 겉뜨기하면서 바늘1로 옮기는데, 주운 코의 뒷가닥에 넣어서 겉뜨기한다. 바늘2와 바늘3의 코를 겉뜨기한다. 9코가 있는 바늘을 사용해서, 힐플랩의 오른쪽 가장자리를 따라 14코+힐플랩과 바늘3 사이에서 1코 줍는다. 주운 코와 뒤꿈치 9코를 겉뜨기하면서 바늘4로 옮기는데, 주운 코의 뒷가닥에 넣어서 겉뜨기한다. 이제 총 78코 있고 무늬도안5의 1단을 떴다.

무늬도안5의 2~39단을 뜬다. 무늬도안을 참고해서 다음과 같이 거싯 코줄임한다: 바늘1 끝에서 왼코줄임하고, 바늘4 시작에서 오른코줄임한다. 총 60코 남을 때까지 2단마다 이 코줄임을 반복한다. 계속해서 무늬도안5의 끝까지 뜬다.

색상B 실을 자른다. 필요하다면, 색상A 실을 사용해서 양말의 발 부분이 신을 사람의 새끼발가락을 완전히 덮을 때까지 메리야스뜨기 몇 단을 추가로 더 뜬다.

계속해서 메리야스뜨기하면서 다음과 같이 헛간지붕 모양 발끝 코줄임한다:
바늘1과 바늘3: 3코 남을 때까지 겉뜨기한다, 왼코줄임, 겉뜨기1.
바늘2와 바늘4: 겉뜨기1, 오른코줄임, 단 끝까지 겉뜨기한다.

앞에서 한 방식대로 총 32코 남을 때까지 2단마다 코줄임한다. 총 8코 남을 때까지 매 단 코줄임한다. 실을 자르고 남은 코 사이로 통과시킨다.

두 번째 양말
첫 번째 양말과 동일한 방법으로 뜬다.

마무리
실을 정리한다. 색상B 실을 두 가닥으로 나눠 무늬도안2를 참고해서 무민트롤과 스노크메이든의 디테일을 백 스티치로 수놓는다. 프렌치노트 스티치로 눈동자를 만든다. 두 번째 양말도 동일하게 수놓는다. 혹은 무민트롤과 스노크메이든을 반대편에 수놓는다.

조심해서 양말을 적셔서, 평평한 곳에 펼쳐 치수에 맞춰 블로킹한다. 마르도록 둔다. 필요하다면 가볍게 스팀 블로킹한다.

무늬도안5
1~68단을 뜬다

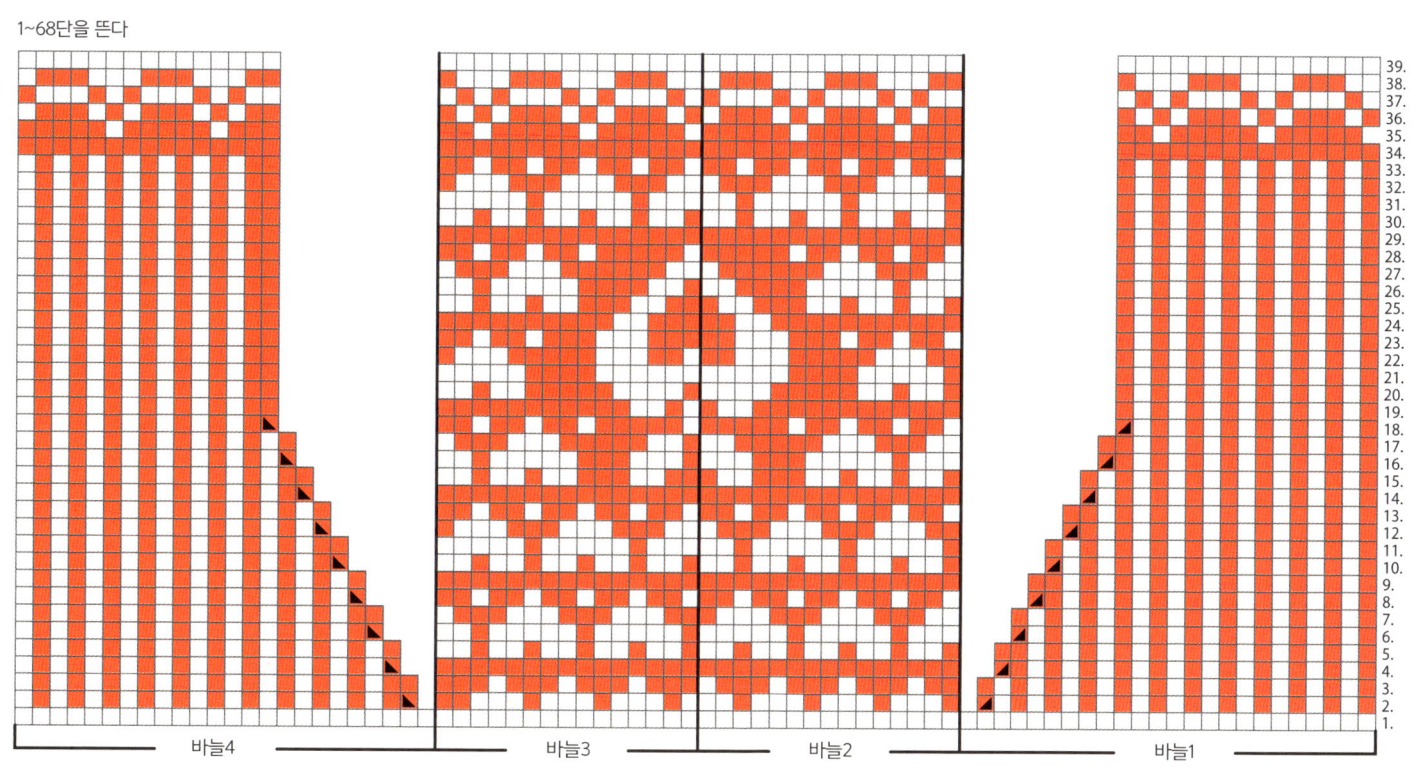

진주를 찾아 풍덩
DIVING FOR PEARLS

무민트롤이 갈대가 우거진 호수에 뛰어들었어요.. 이 양말에는 고무뜨기 발목단과 보강된 뒤꿈치, 헛간지붕 모양 발끝이 있습니다. 양말목은 페어아일 무늬로 작업하고, 양말을 뜬 후 무민트롤을 덧수로 추가합니다.

디자이너 소냐 뉘케넨

사이즈 UK 2½/3½, EU 35/36, US 여성 5/6, US 남성 3½/4

실
노비타 무미탈로 DK(8합/라이트 워스티드 굵기) 100g/225m 무민트롤 007(색상A 흰색), 스노크 152(색상B 하늘색), 미플 229(색상C 노랑), 스너프킨 381(색상D 녹색) 각 1볼, 스팅키 099(색상E 검정) 소량

실 소요량
색상A 50g, 색상B 100g, 색상C·D 각 25g

바늘
3mm 장갑바늘 혹은 정확한 게이지를 얻는 데 필요한 호수의 바늘

기법
원통으로 고무뜨기:
겉뜨기1, 안뜨기1, *~*을 반복한다.

원통으로 메리야스뜨기:
모든 단 겉뜨기한다.

원통으로 페어아일 뜨기:
무늬도안과 지시사항을 따라 메리야스뜨기한다. 4코 이상 걸쳐지는 플로트는 안면에서 실을 꼬아서 늘어지지 않게 잡아준다. 연속된 단에서 같은 위치에 플로트가 떨어지지 않도록 플로트 잡는 위치를 다양하게 할 것.

텐션(게이지) 메리야스뜨기 24코=10cm

주의
양말은 발목단에서 발끝으로, 위에서 아래로 뜬다. 무민트롤과 물속 갈대는 마지막에 덧수, 새틴 스티치, 백 스티치로 수놓는다. 무민트롤의 윤곽선을 작업할 때는 실을 두 가닥으로 나눠서 사용한다.

왼쪽 양말

색상A 실을 사용해서 52코 만든다. 4개의 바늘에 13코씩 균등하게 나눈다. 단의 시작은 양말 뒤쪽 바늘1과 바늘4 사이에 있다. 코가 꼬이지 않도록 조심하며 원통으로 이어서 고무뜨기로 3cm 뜬다. 겉뜨기로 1단 뜬다.

무늬도안1의 1단을 참고해서 4코 무늬를 13회 반복하며 페어아일 무늬를 뜨기 시작한다. 무늬도안의 2단을 뜬다.

다음과 같이 스트라이프로 메리야스뜨기한다: *색상C 실을 사용해서 겉뜨기로 3단 뜬다, 색상A 실을 사용해서 겉뜨기로 3단 뜬다*, *~*를 반복한다, 색상B 실을 사용해서 겉뜨기로 4단 뜬다, 색상A 실을 사용해서 겉뜨기로 3단 뜬다, 색상C 실을 사용해서 겉뜨기로 3단 뜬다, 색상A 실을 사용해서 겉뜨기로 4단 뜬다.

이제 무늬도안2의 1단에서 시작해 4코 무늬를 13회 반복하며 페어아일 무늬를 뜨기 시작한다. 무늬도안의 2~10단을 뜬다. 색상B 실을 사용해서 겉뜨기로 2단 뜬다. 다른 색상 실을 자른다. 양말의 나머지 부분은 색상B 실을 사용해서 작업한다.

무늬도안1

1~2단을 뜬다

4코
무늬 반복

□ =겉뜨기(색상A)
■ =겉뜨기(색상E)
■ =겉뜨기(색상C)

무늬도안2

1~10단을 뜬다

4코
무늬 반복

□ =겉뜨기(색상A)
■ =겉뜨기(색상D)
■ =겉뜨기(색상E)
■ =겉뜨기(색상B)

뒤꿈치

바늘1의 코를 겉뜨기해 바늘4로 옮기며 뒤꿈치 모양을 만들기 시작한다(힐플랩 26코). 바늘2와 바늘3에 남은 코를 쉼코로 둔다. 편물을 뒤집는다. 겉뜨기2, 안뜨기22, 겉뜨기2. 편물을 뒤집는다. 다음과 같이 가장자리는 가터뜨기로 뜨고 걸러뜨기를 시작해 뒤꿈치를 보강한다:

1단(겉면): 겉뜨기2, *(실을 편물 뒤에 두고) 1코걸러뜨기, 겉뜨기1*, 2코 남을 때까지 *~*을 반복한다, 겉뜨기2. 편물을 뒤집는다.
2단(안면): 겉뜨기2, 2코 남을 때까지 안뜨기한다, 겉뜨기2. 편물을 뒤집는다.
1~2단을 총 13회 반복한다(총 26단).

다음과 같이 코줄임을 시작해 뒤꿈치 모양을 만든다:
계속해서 이전과 동일한 걸러뜨기 무늬로 뒤꿈치를 보강한다. 겉면 단에서 시작해, 왼손 바늘에 9코 남을 때까지 무늬대로 뜬다, 오른코줄임, 편물을 뒤집는다.

계속해서 다음과 같이 가장자리에서 2코 가터뜨기를 하지 않고 걸러뜨기 무늬로 작업한다:
안면 단: 안뜨기하듯이 1코걸러뜨기, 왼손 바늘에 9코 남을 때까지 안면에서 8코 안뜨기한다, 안뜨기로 2코모아뜨기, 편물을 뒤집는다.
겉면 단: 겉뜨기하듯이 1코걸러뜨기, 왼손 바늘에 8코 남을 때까지 무늬대로 뜬다, 오른코줄임, 편물을 뒤집는다.

계속해서 앞에서 한 방식대로 앞뒤로 편물을 뒤집어가며 평뜨기로 작업한다. 즉 단의 첫 번째 코는 항상 걸러뜨기하고, 겉면 단 끝에서는 오른코줄임하고, 안면 단 끝에서는 안뜨기로 2코 모아뜨기한다. 중심에는 항상 10코가 남아 있고 양쪽 가장자리의 콧수는 매 단 1코씩 줄어든다. 안면 단에서 중심 양옆의 코가 모두 소진되어 코줄임이 끝나면, 겉면에서 겉뜨기로 5코 뜬다. 이 지점(뒷중심)이 이제 단 시작이다.

발

뒤꿈치의 왼쪽 바늘(바늘1)의 5코 겉뜨기한다. 여분의 바늘을 사용해서, 힐플랩의 왼쪽 가장자리를 따라 13코+힐플랩과 바늘2 사이에서 1코 줍는다. 주운 코를 겉뜨기하면서 바늘1로 옮기는데, 주운 코의 뒷가닥에 넣어서 겉뜨기한다. 바늘2와 바늘3의 코를 겉뜨기한다. 5코가 있는 바늘을 사용해서, 힐플랩의 오른쪽 가장자리를 따라 13코+힐플랩과 바늘3 사이에서 1코 줍는다. 주운 코와 뒤꿈치의 5코를 겉뜨기해 바늘4로 옮기는데, 주운 코의 뒷가닥에 넣어서 겉뜨기한다. 이제 총 64코 있다.

계속해서 메리야스뜨기하면서 다음과 같이 거짓 코줄임한다: 바늘1 끝에서 왼코줄임하고, 바늘4 시작에서 오른코줄임한다. 총 52코 남을 때까지 2단마다 이 코줄임을 반복한다.

양말의 발 부분이 약 18cm가 될 때까지 혹은 신을 사람의 새끼발가락을 덮을 때까지 메리야스뜨기한다.

계속해서 메리야스뜨기하면서 다음과 같이 코줄임해 헛간지붕 모양 발끝을 만들기 시작한다:
바늘1과 바늘3: 3코 남을 때까지 겉뜨기한다, 왼코줄임, 겉뜨기1.
바늘2와 바늘4: 겉뜨기1, 오른코줄임, 단 끝까지 겉뜨기한다.

앞에서 한 방식대로 총 28코 남을 때까지 2단마다 코줄임한다.

이제 무늬도안3A를 참고해서 물속의 가장 낮은 쪽 갈대가 양말의 발끝 쪽 가운데 오도록 무민트롤을 수놓는다.

총 8코 남을 때까지 매 단 발끝 코줄임을 반복한다. 실을 자르고 남은 코 사이로 통과시킨다.

오른쪽 양말

왼쪽 양말과 동일한 방식으로 뜨는데 발 부분 수를 놓을 때 무늬도안3B를 참고한다.

마무리

실을 정리한다. 조심해서 양말을 적셔서, 평평한 곳에 펼쳐 치수에 맞춰 블로킹한다. 마르도록 둔다. 필요하다면 가볍게 스팀 블로킹한다.

무늬도안3A

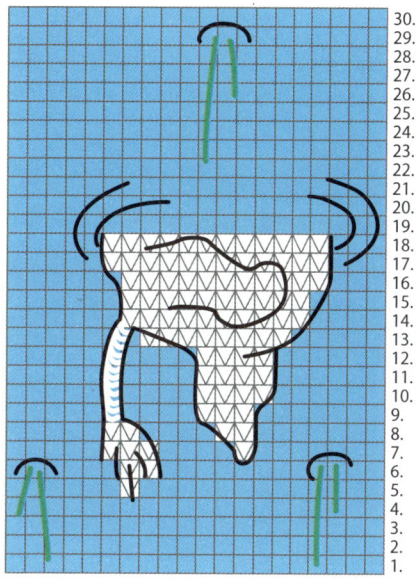

무늬도안3B

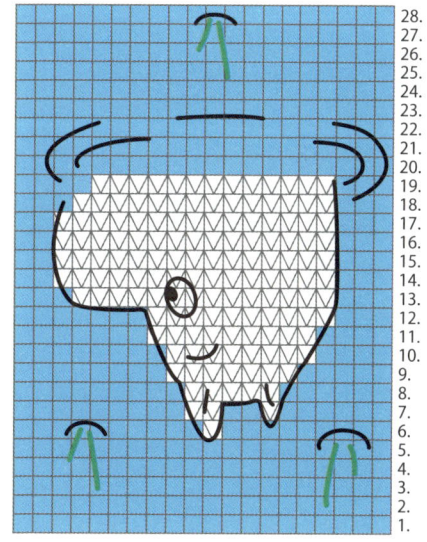

◻ =색상A 실을 사용해서 덧수로 수놓는다
◻ =색상A 실을 사용해서 코 위에 새틴 스티치로 수놓는다
◢ =색상E 실을 사용해서 백 스티치로 수놓는다
◢ =색상D 실을 사용해서 단순한 롱 스티치로 수놓는다

방랑자
THE WANDERER

스너프킨은 해가 진 후에도 여행하는 기분을 느끼곤 합니다. 이 스타일리시한 블랙과 화이트 양말은 남성의 발에 잘 맞는 넉넉한 사이즈입니다. 전통적인 고무뜨기 발목단과 보강된 뒤꿈치, 별 모양 발끝이 특징입니다.

디자이너 민투 비크베리

사이즈 UK 9½, EU 44, US 여성 12, US 남성 10½

실
노비타 무미탈로 DK(8합/라이트 워스티드 굵기) 100g/225m
무민트롤007(색상A 흰색) 1볼, 스팅키 099(색상B 검정) 2볼

실 소요량
색상A 50g, 색상B 150g

바늘
3mm 장갑바늘 혹은 정확한 게이지를 얻는 데 필요한 호수의 바늘

기법
원통으로 고무뜨기:
겉뜨기1, 안뜨기1, *~*을 반복한다.

원통으로 메리야스뜨기:
모든 단 겉뜨기한다.

원통으로 페어아일 뜨기:
무늬도안과 지시사항을 따라 메리야스뜨기한다. 4코 이상 걸쳐지는 플로트는 안면에서 실을 꼬아서 늘어지지 않게 잡아준다. 연속된 단에서 같은 위치에 플로트가 떨어지지 않도록 플로트 잡는 위치를 다양하게 할 것.

텐션(게이지) 메리야스뜨기 25코=10cm

주의
양말은 발목단에서 발끝으로, 위에서 아래로 뜬다. 스너프킨의 얼굴은 양말을 뜬 후 지시사항에 따라 수놓는다.

양말목

색상B 실을 사용해서 60코 만든다. 4개의 바늘에 15코씩 균등하게 나눈다. 단의 시작은 양말 뒤쪽 바늘1과 바늘4 사이에 있다. 코가 꼬이지 않도록 조심하며 원통으로 이어서 고무뜨기로 4cm 뜬다. 각 바늘에 1코씩 코늘림하며 겉뜨기로 1단 뜬다(총 64코).

64코 모두를 사용해 무늬도안의 1단을 참고해서 페어아일 무늬 뜨기를 시작한다. 무늬도안의 2~45단을 뜬다.
색상A 실을 자른다. 양말의 나머지 부분은 색상B 실을 사용해서 작업한다.

뒤꿈치

바늘1의 코를 겉뜨기해 바늘4로 옮기며 뒤꿈치를 뜨기 시작한다(힐플랩 32코). 바늘2와 바늘3에 남은 코를 쉼코로 둔다. 편물을 뒤집는다. 다음과 같이 걸러뜨기 무늬로 뒤꿈치를 보강한다:
1단(안면): (실을 편물 앞에 두고) 1코걸러뜨기, 단 끝까지 안뜨기한다. 편물을 뒤집는다.
2단(겉면): *(실을 편물 뒤에 두고) 1코걸러뜨기, 겉뜨기1*, *~*을 단 끝까지 반복한다. 편물을 뒤집는다.
1~2단을 총 16회 반복하고 다시 1단을 뜬다(총 33단).

다음과 같이 코줄임을 시작해 뒤꿈치 모양을 만든다:
계속해서 이전과 동일한 걸러뜨기 무늬로 뒤꿈치를 보강한다. 겉면 단에서 시작해서, 왼손 바늘에 11코 남을 때까지 무늬대로 뜬다, 오른코줄임, 편물을 뒤집는다.
안뜨기하듯이 1코걸러뜨기, 왼손 바늘에 11코 남을 때까지 안면에서 10코 안뜨기한다. 안뜨기로 2코모아뜨기, 편물을 뒤집는다. 겉뜨기하듯이 1코걸러뜨기, 왼손 바늘에 10코 남을 때까지 무늬대로 뜬다, 오른코줄임, 편물을 뒤집는다.

계속해서 앞에서 한 방식대로 앞뒤로 편물을 뒤집어가며 평뜨기로 작업한다. 즉 단의 첫 번째 코는 항상 걸러뜨기하고, 겉면 단 끝에서는 오른코줄임하고, 안면 단 끝에서는 안뜨기로 2코모아뜨기한다. 중심에는 항상 12코가 남아 있고 양쪽 가장자리의 콧수는 매 단 1코씩 줄어든다. 안면 단에서 중심 양옆의 코가 모두 소진되어 코줄임이 끝나면, 겉면에서 겉뜨기로 6코 뜬다. 이 지점(뒷중심)이 이제 단 시작이다.

발

뒤꿈치의 왼쪽 바늘(바늘1)의 6코 겉뜨기한다. 여분의 바늘을 사용해서, 힐플랩의 왼쪽 가장자리를 따라 16코+힐플랩과 바늘2 사이에서 1코 줍는다. 주운 코를 겉뜨기하면서 바늘1로 옮기는데, 주운 코의 뒷가닥에 넣어서 겉뜨기한다. 바늘2와 바늘3의 코를 겉뜨기한다. 6코가 있는 바늘을 사용해서, 힐플랩의 오른쪽 가장자리를 따라 16코+힐플랩과 바늘3 사이에서 1코 줍는다. 주운 코와 뒤꿈치 6코를 겉뜨기하면서 바늘4로 옮기는데, 주운 코의 뒷가닥에 넣어서 겉뜨기한다. 이제 총 78코 있다.

계속해서 메리야스뜨기하면서, 다음과 같이 거짓 코줄임한다: 바늘1 끝에서 왼코줄임하고 바늘4 시작에서 오른코줄임한다. 각 바늘에 16코씩 총 64코 남을 때까지 2단마다 이 코줄임을 반복한다.

양말의 발 부분이 약 22cm가 될 때까지 혹은 신을 사람의 새끼발가락을 덮을 때까지 메리야스뜨기한다.

계속해서 메리야스뜨기하면서 다음과 같이 코줄임해 별 모양 발끝을 만들기 시작한다: 각 바늘의 중간과 끝에서 왼코줄임한다. 8코 코줄임했고 이제 총 56코 남았다. 코줄임 없이 6단 뜨고 코줄임 단을 반복한다=총 48코. 코줄임 없이 5단 뜨고, 코줄임 단을 반복한다=총 40코.

계속해서 이런 방식으로 코줄임한다. 즉 매 코줄임 단 사이에 평단을 1단씩 적게 뜬다. 총 8코 남았을 때 실을 자르고 남은 코 사이로 통과시킨다. 단단히 잡아당겨 풀리지 않게 매듭짓는다.

두 번째 양말
첫 번째 양말과 동일하게 뜬다.

마무리
색상B 실을 두 가닥으로 나눠 스너프킨의 얼굴을 짧은 백 스티치로 수놓는다. 색상B 실을 사용해서 프렌치노트 스티치로 눈동자를 수놓는다.

실을 정리한다. 조심해서 양말을 적셔서, 평평한 곳에 펼쳐 치수에 맞춰 블로킹한다. 마르도록 둔다. 필요하다면 가볍게 스팀 블로킹한다.

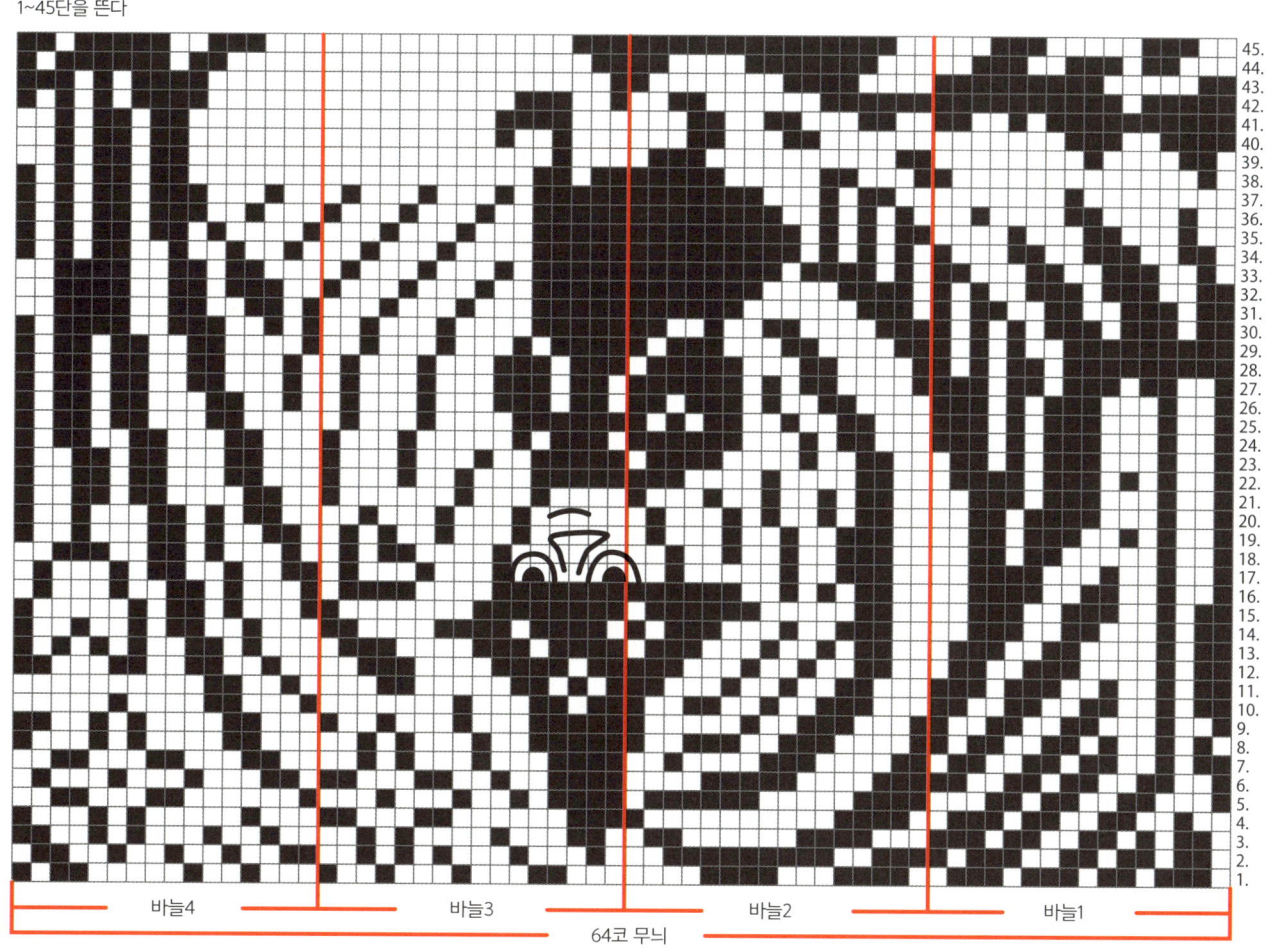

무민의 집
THE MOOMIN HOUSE

이 경쾌한 양말은 기와지붕처럼 보이는 인상적인 모크케이블 발목단이 특징입니다. 전통적인 페어아일 기법으로 제작되었으며 보강된 뒤꿈치와 헛간지붕 모양 발끝이 있습니다. 발등을 장식하는 꽃의 꽃술은 나중에 자수로 수놓습니다.

디자이너 소냐 뉘케넨

사이즈 UK 3½/4, EU 36/37, US 여성 6/6½, US 남성 4/5

실
노비타 무미탈로 DK(8합/라이트 워스티드 굵기) 100g/225m 무민트롤 007(색상A 흰색), 스노크 152(색상B 하늘색), 스너프킨 381(색상C 녹색) 각 1볼, 모크케이블 뜨기 및 수놓을 때 사용할 필리용크 599(색상D 빨강), 스노크메이든 507(색상E 분홍), 미플 229(색상F 노랑) 소량

실 소요량
색상A·B 각 50g, 색상C 100g

바늘
3mm 장갑바늘 혹은 정확한 게이지를 얻는 데 필요한 호수의 바늘

기법
원통으로 모크케이블 뜨기:
무늬도안과 지시사항을 따른다.

원통으로 메리야스뜨기:
모든 단 겉뜨기한다.

원통으로 페어아일 뜨기:
무늬도안과 지시사항을 따라 메리야스뜨기한다. 4코 이상 걸쳐지는 플로트는 안면에서 실을 꼬아서 늘어지지 않게 잡아준다. 연속된 단에서 같은 위치에 플로트가 떨어지지 않도록 플로트 잡는 위치를 다양하게 할 것.

텐션(게이지) 페어아일 뜨기 24코=10cm

주의
양말은 발목단에서 발끝으로, 위에서 아래로 뜬다. 포치 지붕과 꽃술은 나중에 덧수로 수놓는다.

양말목

색상D 실을 사용해서 60코 만든다. 4개의 바늘에 균등하게 15코씩 나눈다. 단의 시작은 양말 뒤쪽 바늘1과 바늘4 사이에 있다.

코가 꼬이지 않도록 조심하며 원통으로 잇는다. 무늬도안1의 1단에서 시작해 5코 무늬를 12회 반복하며 원통으로 모크케이블을 뜨기 시작한다. 무늬도안의 1~4단을 총 3회 반복한다. 겉뜨기로 1단 뜬다.

60코 모두를 사용해 무늬도안2의 1단을 참고해서 페어아일 무늬를 뜨기 시작한다. 무늬도안의 2~41단을 뜬다 **주의**: 포치 지붕은 색상A 실을 사용해서 먼저 뜨고 이후에 색상D 실을 사용해서 그 위에 덧수로 수놓는다. 41단에서는 무늬도안에 표시된 대로 각 바늘에서 코줄임한다(총 56코).

무늬도안의 42~46단을 뜬다. 마지막 단에서는 무늬도안에 표시된 대로 각 바늘에서 코줄임한다(총 52코).

뒤꿈치

색상C 실을 사용해서 뒤꿈치 부분을 뜬다.

바늘1의 코를 겉뜨기해 바늘4로 옮기면서 뒤꿈치를 뜨기 시작한다(힐플랩 26코). 바늘2와 바늘3에 남은 코를 쉼코로 둔다. 편물을 뒤집는다. 다음과 같이 걸러뜨기 무늬를 시작해 뒤꿈치를 보강한다:

1단(안면): (실을 편물 앞에 두고) 1코걸러뜨기, 단 끝까지 안뜨기한다. 편물을 뒤집는다.

2단(겉면): *(실을 편물 뒤에 두고) 1코걸러뜨기, 겉뜨기1*, *~*을 단 끝까지 반복한다. 편물을 뒤집는다.

1~2단을 총 13회 반복하고 다시 1단을 뜬다(총 27단).

다음과 같이 코줄임을 시작해 뒤꿈치 모양을 만든다:

계속해서 이전과 동일한 걸러뜨기 무늬로 뒤꿈치를 보강한다. 겉면 단에서 시작해서, 겉뜨기하듯이 1코걸러뜨기, 왼손 바늘에 9코 남을 때까지 무늬대로 뜬다, 오른코줄임, 편물을 뒤집는다.

안면 단: 안뜨기하듯이 1코걸러뜨기, 왼손 바늘에 9코 남을 때까지 8코 안뜨기한다. 안뜨기로 2코모아뜨기, 편물을 뒤집는다.

겉면 단: 겉뜨기하듯이 1코걸러뜨기, 왼손 바늘에 8코 남을 때까지 무늬대로 뜬다, 오른코줄임, 편물을 뒤집는다.

무늬도안1

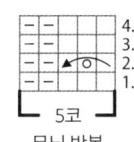

무늬 반복

□ =겉뜨기
⊟ =안뜨기
=3코를 오른손 바늘로 옮긴다, 가장 오른쪽 코를 다른 2코 위로 덮어씌운다, 다른 2코를 다시 왼손 바늘로 옮긴다, 겉뜨기1, 바늘비우기, 겉뜨기1

계속해서 앞에서 한 방식대로 앞뒤로 편물을 뒤집어가며 평뜨기로 작업한다. 즉 단의 첫 번째 코는 항상 걸러뜨기하고, 겉면 단 끝에서는 오른코줄임하고, 안면 단 끝에서는 안뜨기로 2코 모아뜨기한다. 중심에는 항상 10코가 남아 있고 양쪽 가장자리의 콧수는 매 단 1코씩 줄어든다. 안면 단에서 중심 양옆의 코가 모두 소진되어 코줄임이 끝나면, 겉면에서 겉뜨기로 5코 뜬다. 이 지점(뒷중심)이 이제 단 시작이다.

발

바늘1을 사용해서, 힐플랩의 왼쪽 가장자리를 따라 13코+힐플랩과 바늘2 사이에서 1코 줍는다. 바늘4를 사용해서, 힐플랩의 오른쪽 가장자리를 따라 13코+힐플랩과 바늘3 사이에서 1코 줍는다. 이제 총 64코 있다.

무늬도안3의 1단을 참고해서, 발 부분의 페어아일 무늬를 뜨기 시작한다. 힐플랩 가장자리에서 주운 코를 뒷가닥에 넣어 겉뜨기해 바늘1로 옮기고, 나머지 코는 일반적인 방법으로 겉뜨기한다. 무늬도안의 2~34단을 뜬다. 무늬도안을 참고해서 다음과 같이 거싯 코줄임을 작업한다: 바늘1 끝에서 왼코줄임하고 바늘4 시작에서 오른코줄임한다. 총 52코 남을 때까지 2단마다 이 코줄임을 반복한다. **주의**: 진행하면서 덧수로 꽃술을 수놓는다.

색상C를 제외한 실들을 자른다. 색상C 실을 사용해서 양말을 마무리한다. 필요하다면 양말의 발 부분이 신을 사람의 새끼발가락을 완전히 덮을 때까지 색상C 실을 사용해서 추가로 메리야스뜨기 몇 단을 뜬다.

무늬도안2

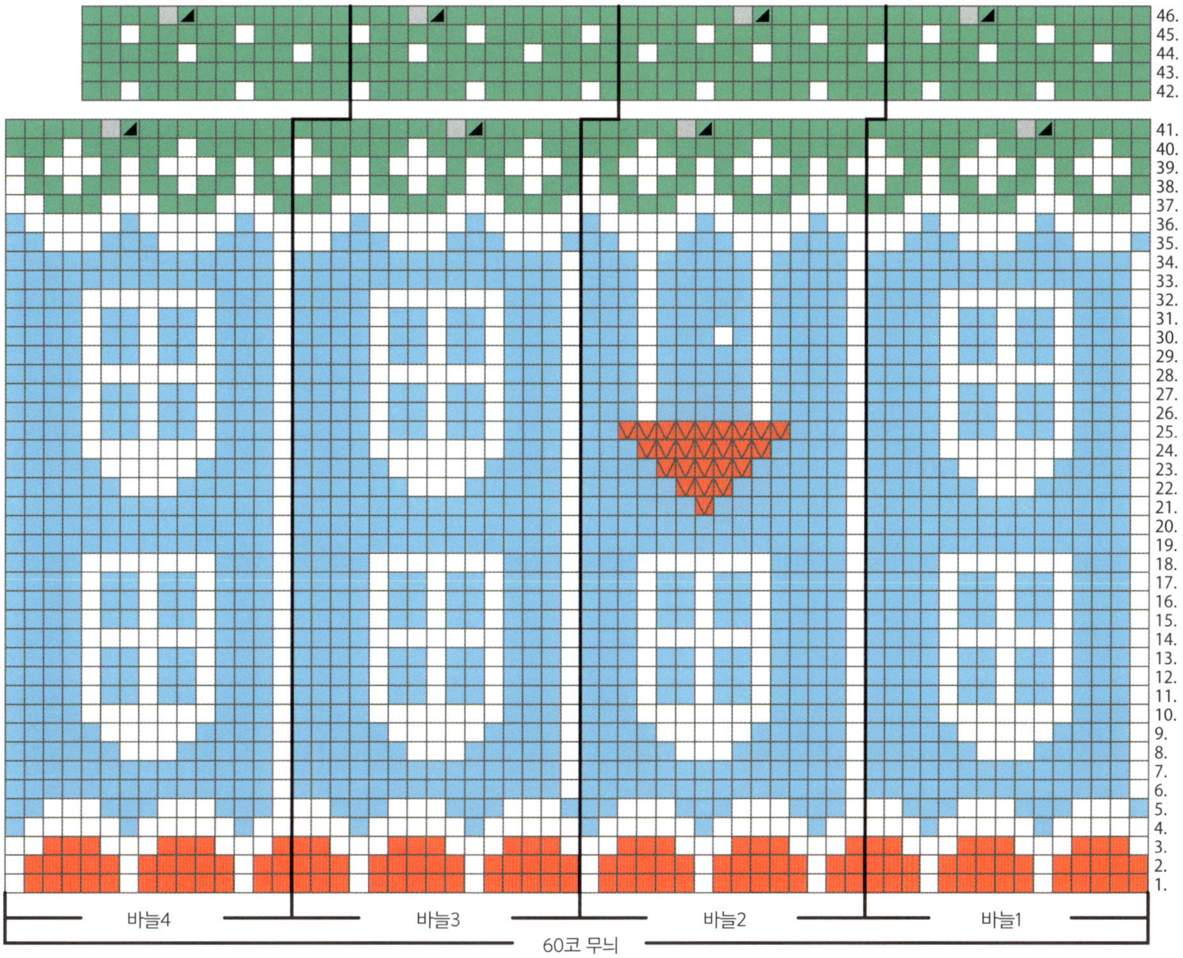

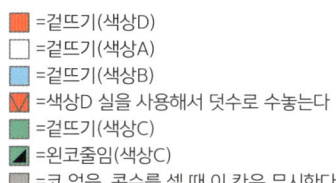

=겉뜨기(색상D)
=겉뜨기(색상A)
=겉뜨기(색상B)
=색상D 실을 사용해서 덧수로 수놓는다
=겉뜨기(색상C)
=왼코줄임(색상C)
=코 없음, 콧수를 셀 때 이 칸은 무시한다

계속해서 메리야스뜨기하며 다음과 같이 헛간지붕 모양 발끝 코줄임한다:
바늘1과 바늘3: 3코 남을 때까지 겉뜨기한다, 왼코줄임, 겉뜨기1.
바늘2와 바늘4: 겉뜨기1, 오른코줄임, 단 끝까지 겉뜨기한다.

앞에서 한 방식대로 총 24코 남을 때까지 2단마다 코줄임한다. 총 8코 남을 때까지 매 단 코줄임한다. 실을 자르고 남은 코 사이로 통과시킨다.

두 번째 양말
첫 번째 양말과 동일하게 뜨는데 서로 대칭되도록 바닥에 있는 문과 중간 창의 위치를 바꾼다.

마무리
실을 정리한다. 조심해서 양말을 적셔서, 평평한 곳에 펼쳐 치수에 맞춰 블로킹한다. 마르도록 둔다. 필요하다면 가볍게 스팀 블로킹한다.

무늬도안3

1~34단을 뜬다

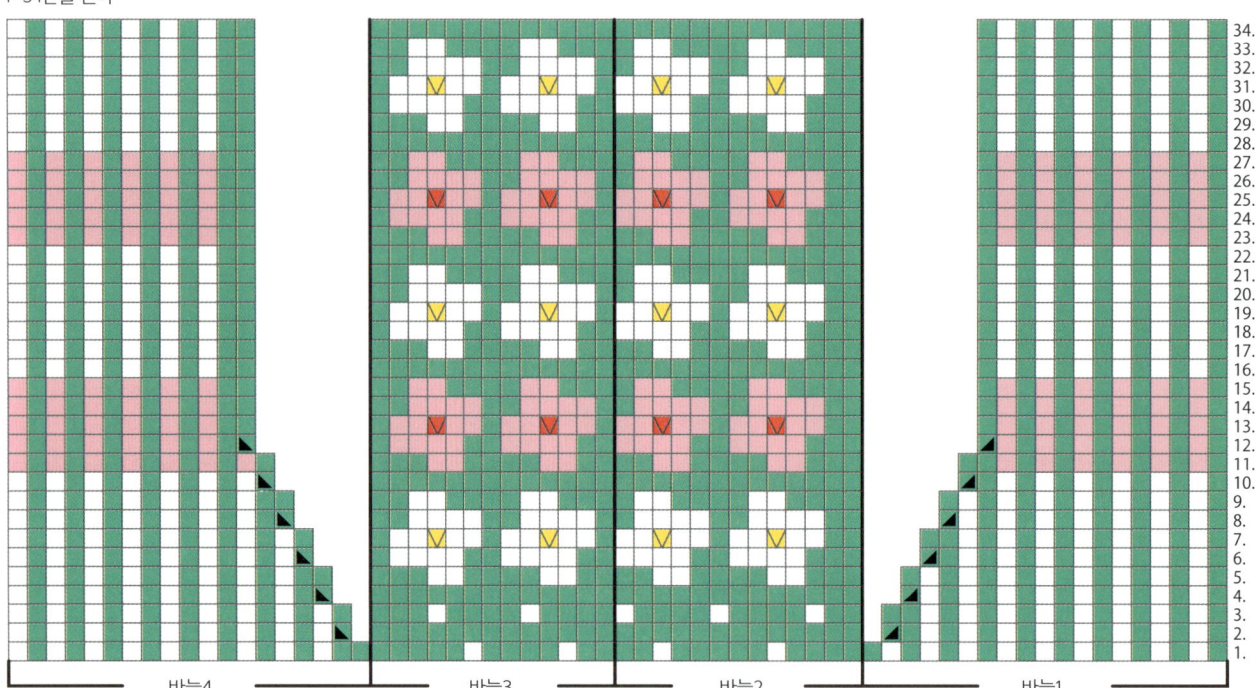

- ■ =겉뜨기(색상C)
- □ =겉뜨기(색상A)
- ■ =겉뜨기(색상E)
- ▽ =색상B 실을 사용해서 덧수로 수놓는다
- ▽ =색상D 실을 사용해서 덧수로 수놓는다
- ◢ =겉뜨기하듯이 1코걸러뜨기, 색상C 실을 사용해서 겉뜨기1, 걸러뜨기한 코를 겉뜨기한 코 위로 덮어씌운다
- ◢ =왼코줄임(색상C)

그래서 무민의 집은 꽤 붐볐습니다.
이곳에서는 모두가 좋아하는 일을 하고
내일에 대한 걱정을
거의 하지 않았습니다.

《마법사가 잃어버린 모자》

보이지 않는 아이

THE INVISIBLE CHILD

이 양말에는 옅은 분홍과 밝은 빨강이 조화롭게 쓰였습니다. 양말목 앞쪽에는 보이지 않는 닌니가, 옆면에는 덩굴장미가 장식되어 있습니다. 꼬아고무뜨기 발목단으로 디자인했습니다.

디자이너 마리타 카를손

사이즈 UK 5/6(6½/7½), EU 38/39(40/41), US 여성 7½/8½(9/10), US 남성 6/7(7½/8½)

실
노비타 무미탈로 DK(8합/라이트 워스티드 굵기) 100g/225m 스노크메이든 507(색상A 분홍) 2볼, 필리용크 599(색상B 빨강) 1볼

실 소요량
두 사이즈 모두 색상A 150g, 색상B 100g

바늘
3mm 장갑바늘 혹은 정확한 게이지를 얻는 데 필요한 호수의 바늘

기법
원통으로 꼬아고무뜨기:
뒷가닥에 넣어 겉뜨기1, 안뜨기1, *~*을 반복한다.

원통으로 메리야스뜨기:
모든 단 겉뜨기한다.

원통으로 페어아일 뜨기:
무늬도안과 지시사항을 따라 메리야스뜨기한다. 4코 이상 걸쳐지는 플로트는 안면에서 실을 꼬아서 늘어지지 않게 잡아준다. 연속된 단에서 같은 위치에 플로트가 떨어지지 않도록 플로트 잡는 위치를 다양하게 할 것.

텐션(게이지) 페어아일 뜨기 29코=10cm

주의
양말은 발목단에서 발끝으로, 위에서 아래로 뜬다.

양말목

색상B 실을 사용해서 72(76)코 만든다. 4개의 바늘에 18(19)코씩 균등하게 나눈다. 단의 시작은 양말 뒤쪽 바늘1과 바늘4 사이에 있다.

코가 꼬이지 않도록 조심하며 원통으로 이어서 꼬아고무뜨기로 4.5cm 뜬다. 색상A 실을 사용해서 1단 겉뜨기하는데, 단 전체에 고르게 분배해 4코 코줄임한다[총 68(72)코]. 큰 사이즈는 다음과 같이 코를 나눈다: 바늘1과 바늘4에 각 19코, 바늘2와 바늘3에 각 17코.

68(72)코 모두를 사용해 무늬도안의 1단을 참고해서 페어아일 무늬를 뜨기 시작한다. 무늬도안의 2~40단을 뜬다. 무늬도안에 표시된 곳에서 코줄임한다. **주의**: 큰 사이즈는 지시사항을 따를 때 항상 작은 사이즈의 코줄임 코를 겉뜨기 코로 취급하고 무늬도안 네모 칸에 보이는 색상의 실을 사용해서 작업한다.

무늬도안을 완성하면, 총 62(66)코가 된다. 색상B 실을 자르고 색상A 실을 사용해서 양말의 나머지 부분을 작업한다. 계속해서 메리야스뜨기하면서 다음과 같이 코줄임한다:

다음 단: 단 시작에서 왼코줄임하고 단 끝에서 ssk코줄임한다[총 60(64)코].

다음 단: 단 전체에 고르게 분배해 4코 코줄임한다[총 56(60)코].

코줄임 없이 2단 뜬다.

다음 단: 단 시작에서 왼코줄임하고 단 끝에서 ssk코줄임한다[총 54(58)코].

코줄임 없이 3단 뜬다.

다음 단: 단 시작에서 왼코줄임하고 단 끝에서 ssk코줄임한다[총 52(56)코].

코줄임 없이 2cm 뜬다.

각 바늘에 13(14)코씩 균등하게 나눈다.

뒤꿈치

바늘1의 코를 겉뜨기해 바늘4로 옮기면서 뒤꿈치를 뜨기 시작한다[힐플랩 26(28)코]. 바늘2와 바늘3에 남은 코를 쉼코로 둔다. 편물을 뒤집는다. 다음과 같이 걸러뜨기 무늬를 시작해 뒤꿈치를 보강한다:

1단(안면): (실을 편물 앞에 두고) 1코걸러뜨기, 단 끝까지 안뜨기한다. 편물을 뒤집는다.

2단(겉면): *(실을 편물 뒤에 두고) 1코걸러뜨기, 겉뜨기1*, *~*을 단 끝까지 반복한다. 편물을 뒤집는다.

1~2단을 총 13(14)회 반복하고 다시 1단을 뜬다[총 27(29)단].

다음과 같이 프렌치 힐(둥근 뒤꿈치)을 만들기 시작한다:

1단(겉면): (실을 편물 뒤에 두고) 1코걸러뜨기, 겉뜨기14(15), ssk코줄임, 겉뜨기1. 편물을 뒤집는다.

2단(안면): 안뜨기하듯이 1코걸러뜨기, 안뜨기5, 안뜨기로 2코 모아뜨기, 안뜨기1. 편물을 뒤집는다.

3단(겉면): 겉뜨기하듯이 1코걸러뜨기, 겉뜨기6, ssk코줄임, 겉뜨기1. 편물을 뒤집는다.

4단(안면): 안뜨기하듯이 1코걸러뜨기, 안뜨기7, 안뜨기로 2코 모아뜨기, 안뜨기1. 편물을 뒤집는다.

계속해서 이런 방식으로 양쪽 가장자리 모든 코를 코줄임하는데, 중심의 콧수는 매 단 1코씩 늘어난다. 안면 단을 1단 더 뜬다. **주의**: 큰 사이즈의 경우 마지막 코줄임 후 단 끝에 겉뜨기1/안뜨기1 코가 남지 않을 것이다.

편물을 뒤집는다. 2개의 바늘에 균등하게 8코씩 뒤꿈치 코를 나눈다. 오른손 바늘의 코를 겉뜨기한다. 이 지점(뒷중심)이 이제 단 시작이다.

발

뒤꿈치의 왼쪽 바늘(바늘1)의 8코 겉뜨기한다. 여분의 바늘을 사용해서, 힐플랩의 왼쪽 가장자리를 따라 14(15)코+힐플랩과 바늘2 사이에서 1코 줍는다. 주운 코를 겉뜨기하면서 바늘 1로 옮기는데, 주운 코의 뒷가닥에 넣어서 겉뜨기한다. 바늘2와 바늘3의 코를 겉뜨기한다. 8코가 있는 바늘을 사용해서, 힐플랩의 오른쪽 가장자리를 따라 14(15)코+힐플랩과 바늘3 사이에서 1코 줍는다. 주운 코와 뒤꿈치 8코를 겉뜨기해 바늘4로 옮기는데, 주운 코의 뒷가닥에 넣어서 겉뜨기한다. 이제 총 72(76)코 있다.

계속해서 메리야스뜨기하면서 다음과 같이 거싯 코줄임한다: 바늘1 끝에서 왼코줄임하고 바늘4 시작에서 ssk코줄임한다. 각 바늘에 13(14)코 남을 때까지 2단마다 이 코줄임을 반복한다.

계속해서 양말의 발 부분이 약 20.5(22)cm가 될 때까지 혹은 신을 사람의 새끼발가락을 덮을 때까지 메리야스뜨기한다.

코줄임을 시작해 다음과 같이 쐐기 모양 발끝을 만든다:
바늘1과 바늘3: 3코 남을 때까지 겉뜨기한다, 왼코줄임, 겉뜨기1.
바늘2와 바늘4: 겉뜨기1, ssk코줄임, 단 끝까지 겉뜨기한다.

앞에서 한 방식대로 총 36코 남을 때까지 2단마다 코줄임하고 총 16코 남을 때까지 매 단 코줄임한다.

남은 코를 2개의 바늘에 균등하게, 위쪽 바늘에 8코 아래쪽 바늘에 8코 나눈다. 8코를 서로 메리야스잇기한다. 온라인에서 메리야스잇기하는 방법에 대한 동영상과 설명을 찾을 수 있다.

두 번째 양말
첫 번째 양말과 동일하게 뜬다.

마무리
실을 정리한다. 조심해서 양말을 적셔서, 평평한 곳에 펼쳐 치수에 맞춰 블로킹한다. 마르도록 둔다. 필요하다면 가볍게 스팀 블로킹한다.

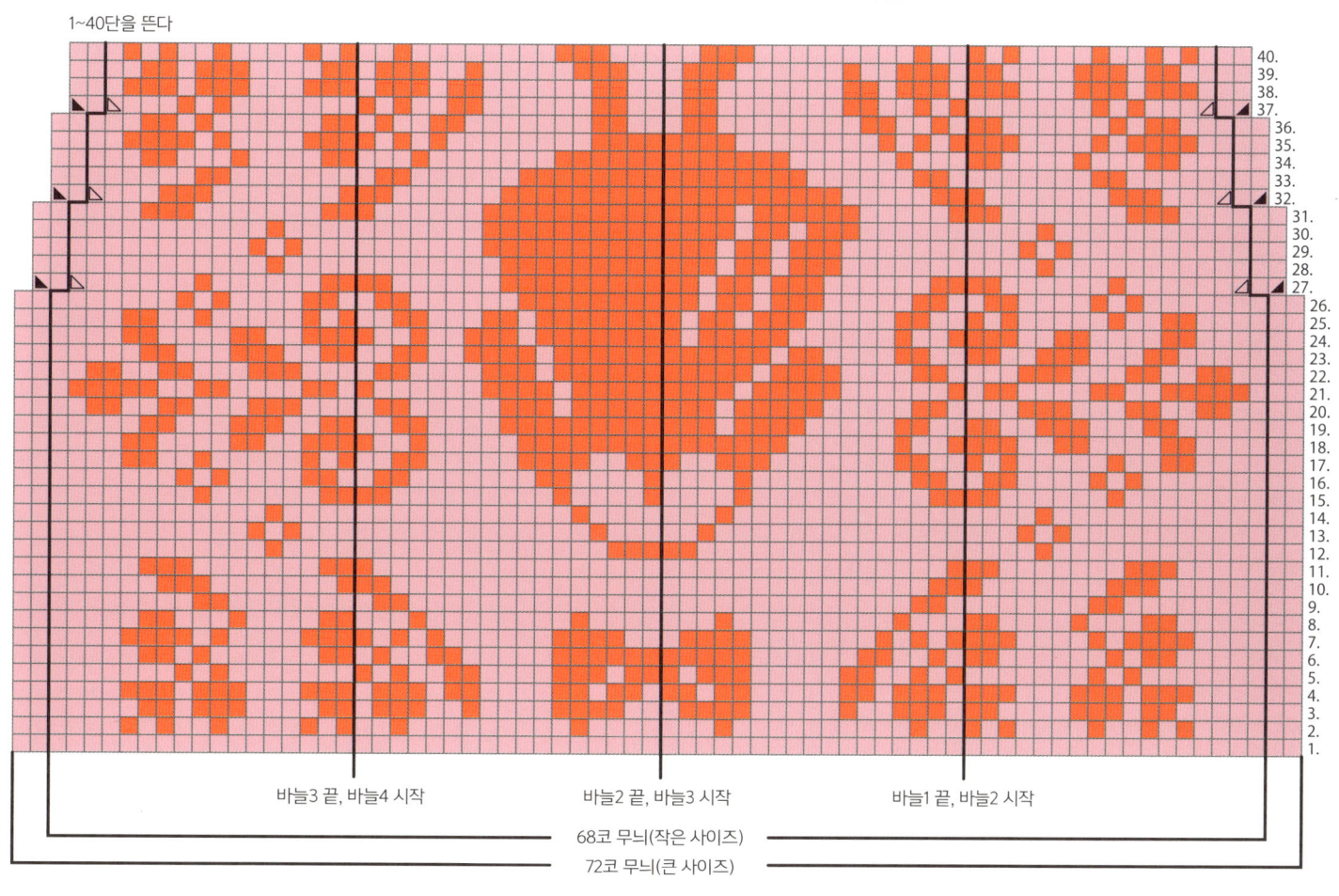

장미 덩굴
RAMBLING ROSES

무민마마의 장미 사랑에서 영감을 받아 디자인한 양말이에요. 무민마마의 이니셜인 MM 아래에 아름다운 장미가 흩날리는 모양으로 장식되어 있어요. 무릎길이의 이 양말은 전통적인 페어아일 기법으로 제작되었으며 뒤꿈치는 마지막에 끼워넣기로 만듭니다.

디자이너 민투 비크베리

사이즈 UK 5, EU 38, US 여성 7½, US 남성 6

실
노비타 무미탈로 DK(8합/라이트 워스티드 굵기) 100g/225m
무민트롤 007(색상A 흰색), 필리용크 599(색상B 빨강), 스팅키 099(색상C 검정) 각 1볼

실 소요량
색상A·B 각 100g, 색상C 50g

바늘
3mm 장갑바늘 혹은 정확한 게이지를 얻는 데 필요한 호수의 바늘

기법
원통으로 꼬아고무뜨기:
뒷가닥에 넣어 겉뜨기1, 안뜨기1, *~*을 반복한다.

원통으로 메리야스뜨기:
모든 단 겉뜨기한다.

원통으로 페어아일 뜨기:
무늬도안과 지시사항을 따라 메리야스뜨기한다. 4코 이상 걸쳐지는 플로트는 안면에서 실을 꼬아서 늘어지지 않게 잡아준다. 연속된 단에서 같은 위치에 플로트가 떨어지지 않도록 플로트 잡는 위치를 다양하게 할 것.

텐션(게이지) 페어아일 뜨기 25코=10cm

주의
양말은 발목단에서 발끝으로, 위에서 아래로 뜬다.
뒤꿈치는 마지막에 끼워넣어 뜬다.

양말목과 발

색상C 실을 사용해서 76코 만든다. 4개의 바늘에 19코씩 균등하게 나눈다. 단의 시작은 양말 뒤쪽 바늘1과 바늘4 사이에 있다. 코가 꼬이지 않도록 조심하며 원통으로 이어서 꼬아고무뜨기로 3.5cm 뜬다. 겉뜨기로 1단 뜨는데, 바늘1에서 1코 코늘림한다(총 77코).

무늬도안1의 1단을 참고해서 페어아일 무늬를 뜨기 시작하고 22단을 모두 뜬다. 색상A 실을 사용해서 겉뜨기로 1단 뜨는데, 바늘1에서 1코 코줄임한다(총 76코). 다음과 같이 바늘에 코를 나눈다: 바늘1에 13코, 바늘2에 14코, 바늘3에 25코, 바늘4에 24코.

계속해서 76코 모두를 사용해서 무늬도안2의 1단에서 시작해 페어아일 무늬를 작업한다. 2~61단을 뜬다. 무늬도안에 표시된 곳에서 코줄임한다. 이제 총 56코 있다. 각 바늘에 14코씩 균등하게 나눈다.

다음 단에서 끼워넣기 뒤꿈치의 위치를 표시한다. 알아보기 쉬운 별도의 실을 사용해서 바늘1과 바늘2의 코를 뜬다. 별도의 실을 자른다. 무늬도안의 62단을 참고해 별도의 실을 사용해서 떴던 바늘1과 바늘2의 코를 다시 뜬다.

바늘3과 바늘4의 코를 사용해서 62단 끝까지 작업한다. 무늬도안을 끝까지 뜬다. 색상B 실을 자른다. 계속해서 색상A 실을 사용해서 발 부분이 뒤꿈치를 표시한 별도의 실에서 약 14cm가 될 때까지 메리야스뜨기한다.

코줄임을 시작해서 다음과 같이 헛간지붕 모양 발끝을 만든다:
바늘1과 바늘3: 겉뜨기1, 오른코줄임, 단 끝까지 겉뜨기한다.
바늘2와 바늘4: 3코 남을 때까지 겉뜨기한다, 왼코줄임, 겉뜨기1.

앞에서 한 방식대로 총 24코 남을 때까지 2단마다 코줄임하고 총 8코 남을 때까지 매 단 코줄임한다. 실을 자르고 남은 코 사이로 통과시킨다.

무늬도안1

1~22단을 뜬다

□ =겉뜨기(색상A)
■ =겉뜨기(색상C)

뒤꿈치

조심해서 별도의 실을 제거하고 색상B 실을 사용해서 구멍의 위와 아래에서 28코씩 줍고 구멍의 양쪽 가장자리에서 추가로 2코씩 줍는다(총 60코). 양쪽 가장자리 추가로 주운 코 사이에 단코표시링을 걸어 표시한다. 4개의 바늘에 균등하게 코를 나눈다. 단의 시작은 한쪽 가장자리의 단코표시링이 된다. 원통으로 메리야스뜨기 1단 뜬다.

다음과 같이 코줄임을 시작해 뒤꿈치 모양을 만든다:
바늘1과 바늘3: 겉뜨기1, 뒷가닥에 넣어 왼코줄임, 단 끝까지 겉뜨기한다.
바늘2와 바늘4: 3코 남을 때까지 겉뜨기한다, 왼코줄임, 겉뜨기1.

앞에서 한 방식대로 2단마다 코줄임을 4회 더 하고, 매 단 코줄임을 5회 반복한다(총 20코).

2개의 바늘에 균등하게, 위쪽 바늘에 10코 아래쪽 바늘에 10코 나눈다. 메리야스잇기한다. 온라인에서 이 방법을 보여주는 동영상과 설명을 찾을 수 있다.

두 번째 양말

첫 번째 양말과 동일하게 뜬다.

마무리

실을 정리한다. 조심해서 양말을 적셔서, 평평한 곳에 펼쳐 치수에 맞춰 블로킹한다. 마르도록 둔다. 필요하다면 가볍게 스팀 블로킹한다.

프리마돈나의 말
PRIMADONNA'S HORSE

이 양말에는 무민 골짜기의 서커스에 등장하는 프리마돈나의 말이 풍성한 앞갈기 아래로 빼꼼 내다보고 있어요. 두 가지 색상으로 작업하고 마지막에 연보라색 꽃과 리본을 수놓습니다. 전통적인 고무뜨기 발목단이 있으며, 페어아일 디자인은 안면에서 래더 백 자카드 기법으로 작업했습니다.

디자이너 피료 이보넨Pirjo Iivonen

사이즈 UK 2½~6(6½~9), EU 35~39(40~43), US 여성 5~8½(9~11½), US 남성 3½~7(7½~10)

실
노비타 무미탈로 DK(8합/라이트 워스티드 굵기) 100g/225m 무민트롤 007(색상A 흰색) 1볼, 스팅키 099(색상B 검정) 2볼, 수놓을 때 사용할 헤물렌 720(색상C 연보라) 소량

실 소요량
두 사이즈 모두 색상A 100g, 색상B 150(200)g

바늘
3mm 장갑바늘 혹은 정확한 게이지를 얻는 데 필요한 호수의 바늘

기법
원통으로 고무뜨기:
겉뜨기2, 안뜨기2, *~*를 반복한다.

원통으로 메리야스뜨기:
모든 단 겉뜨기한다.

원통으로 페어아일 뜨기:
무늬도안과 지시사항을 따라 메리야스뜨기한다. 래더 백 자카드 기법으로 양말목의 긴 플로트를 잡는다. 온라인에서 이 방법을 보여주는 동영상과 설명을 찾을 수 있다. 래더 코를 작업하는 곳은 무늬도안에 표시되어 있다.

텐션(게이지) 메리야스뜨기 25코=10cm

주의
양말은 발목단에서 발끝으로, 위에서 아래로 뜬다. 래더 백 자카드 기법은 편물을 느슨하게 하기 때문에 페어아일 무늬 텐션이 일정하게 유지되도록 신경 써야 한다. 마지막에 지시사항을 따라 색상C 실로 작은 디테일을 수놓는다.

양말목

색상A 실을 사용해서 64(72)코 만든다. 4개의 바늘에 16(18)코씩 나눈다. 단의 시작은 양말 뒤쪽 바늘1과 바늘4 사이에 있다. 코가 꼬이지 않도록 조심하며 원통으로 잇는다. 고무뜨기로 10단 뜨고 겉뜨기로 1단 뜬다.

64(72)코 모두 사용해서 무늬도안1A(무늬도안2A)의 1단을 뜨는데, 무늬도안에 표시된 코 사이에서 편물 안면에 래더 코를 만든다.

□ =겉뜨기(색상A)
■ =겉뜨기(색상B)
▽ =색상C 실을 사용해서 덧수로 수놓는다
✕ =색상C 실을 사용해서 레이지데이지 스티치로 꽃을 수놓는다
◺ =ssk코줄임(색상B)
◹ =왼코줄임(색상B)
│ =래더 코 위치, 래더 코를 안뜨기한다
● =코와 코 사이의 가닥을 주워 겉뜨기하듯이 꼬아서 래더 코를 만든다

무늬도안1A

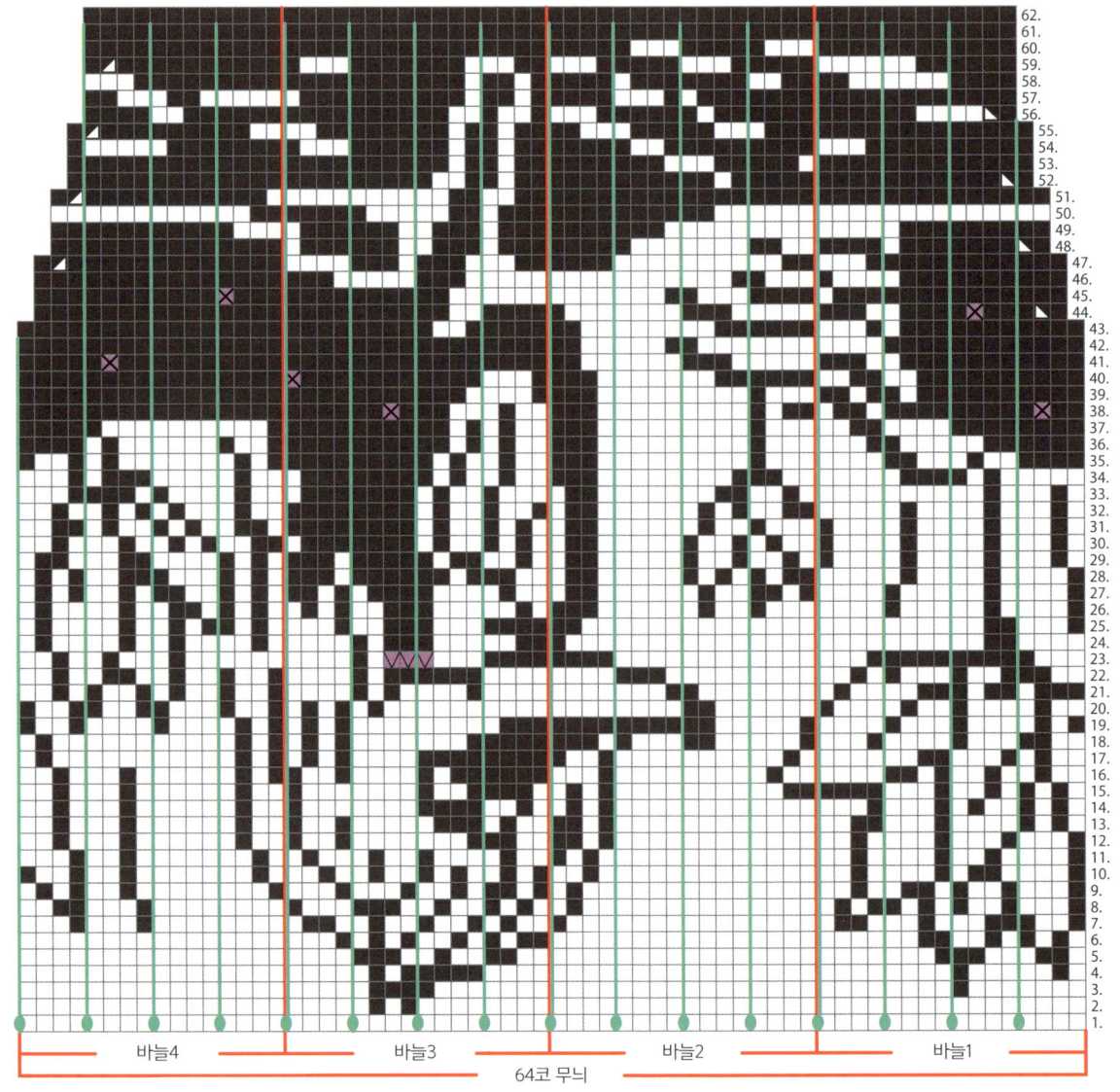

무늬도안 2단에서 페어아일 무늬 뜨기를 시작한다. 무늬도안 3~62단을 뜬다. 양말을 뜬 후 수놓을 코는 색상B 실을 사용해서 뜬다. 무늬도안에 표시된 곳에서 코줄임한다. 61단에서 래더 코를 다음 코와 함께 겉뜨기해 정리한다.

이제 총 56(60)코 있다. 각 바늘에 균등하게 14(15)코씩 나눈다. 양말의 나머지 부분은 색상B 실을 사용해서 작업한다.

뒤꿈치

바늘1의 코를 겉뜨기해 바늘4로 옮기며 뒤꿈치를 시작한다[힐 플랩 28(30)코]. 바늘2와 바늘3에 남은 코를 쉼코로 둔다. 편물을 뒤집는다. 다음과 같이 걸러뜨기 무늬를 시작해 뒤꿈치를 보강한다:

1단(안면): (실을 편물 앞에 두고) 1코걸러뜨기, 단 끝까지 안뜨기한다. 편물을 뒤집는다.

2단(겉면): *(실을 편물 뒤에 두고) 1코걸러뜨기, 겉뜨기1*, *~*을 단 끝까지 반복한다. 편물을 뒤집는다.

1~2단을 총 14(15)회 반복하고 다시 1단을 뜬다[총 29(31)단].

무늬도안1B

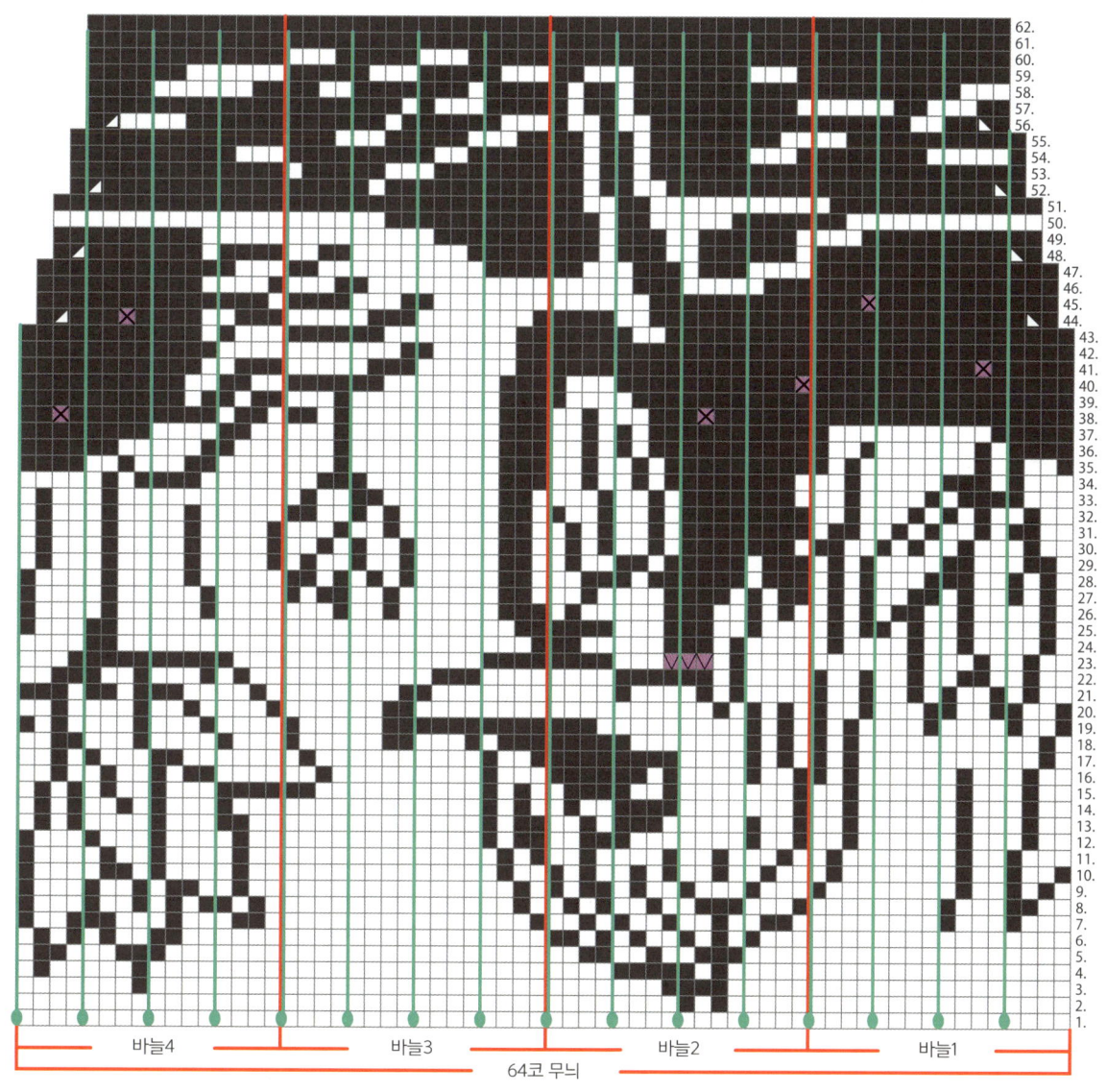

다음과 같이 코줄임을 시작해 뒤꿈치 모양을 만든다:
계속해서 이전과 동일한 걸러뜨기 무늬로 뒤꿈치를 보강한다. 겉면 단에서 시작해서, 겉뜨기하듯이 1코걸러뜨기, 왼손 바늘에 9(10)코 남을 때까지 무늬대로 뜬다, ssk코줄임, 편물을 뒤집는다.
안뜨기하듯이 1코걸러뜨기, 왼손 바늘에 9(10)코 남을 때까지 안면에서 10코 안뜨기한다. 안뜨기로 2코모아뜨기, 편물을 뒤집는다.

겉뜨기하듯이 1코걸러뜨기, 왼손 바늘에 8(9)코 남을 때까지 무늬대로 뜬다, ssk코줄임, 편물을 뒤집는다.

계속해서 앞에서 한 방식대로 앞뒤로 편물을 뒤집어가며 평뜨기로 작업한다. 즉 단의 첫 번째 코는 항상 걸러뜨기하고, 겉면 단 끝에서는 ssk코줄임하고, 안면 단 끝에서는 안뜨기로 2코모아뜨기한다. 중심에는 항상 12코가 남아 있고 양쪽 가장자리의 콧수는 매 단 1코씩 줄어든다. 안면 단에서 중심 양옆의 코가 모두 소진되어 코줄임이 끝나면, 겉면에서 겉뜨기로 6코 뜬다. 이 지점이 이제 단 시작이다.

무늬도안2A

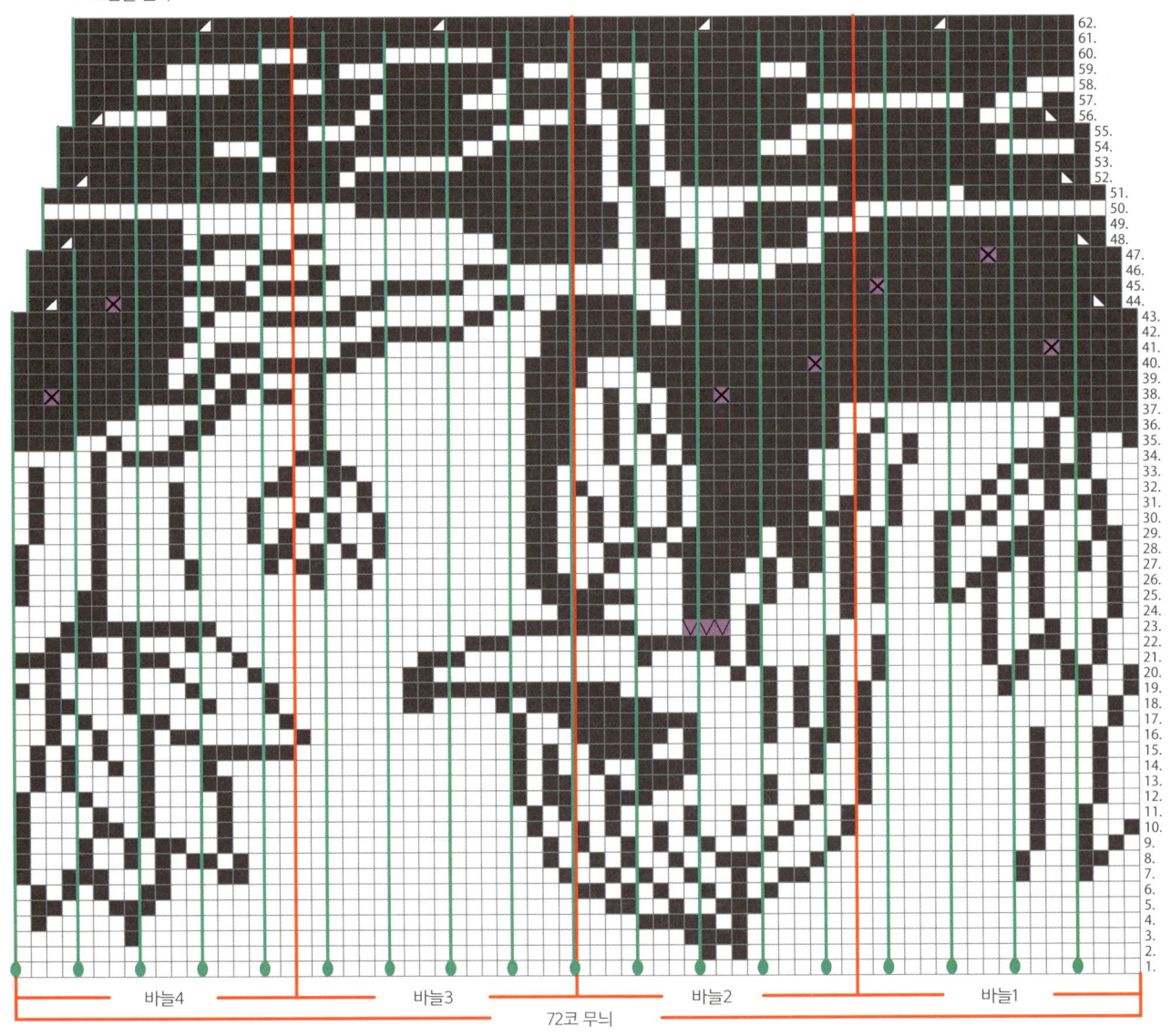

무늬도안2B

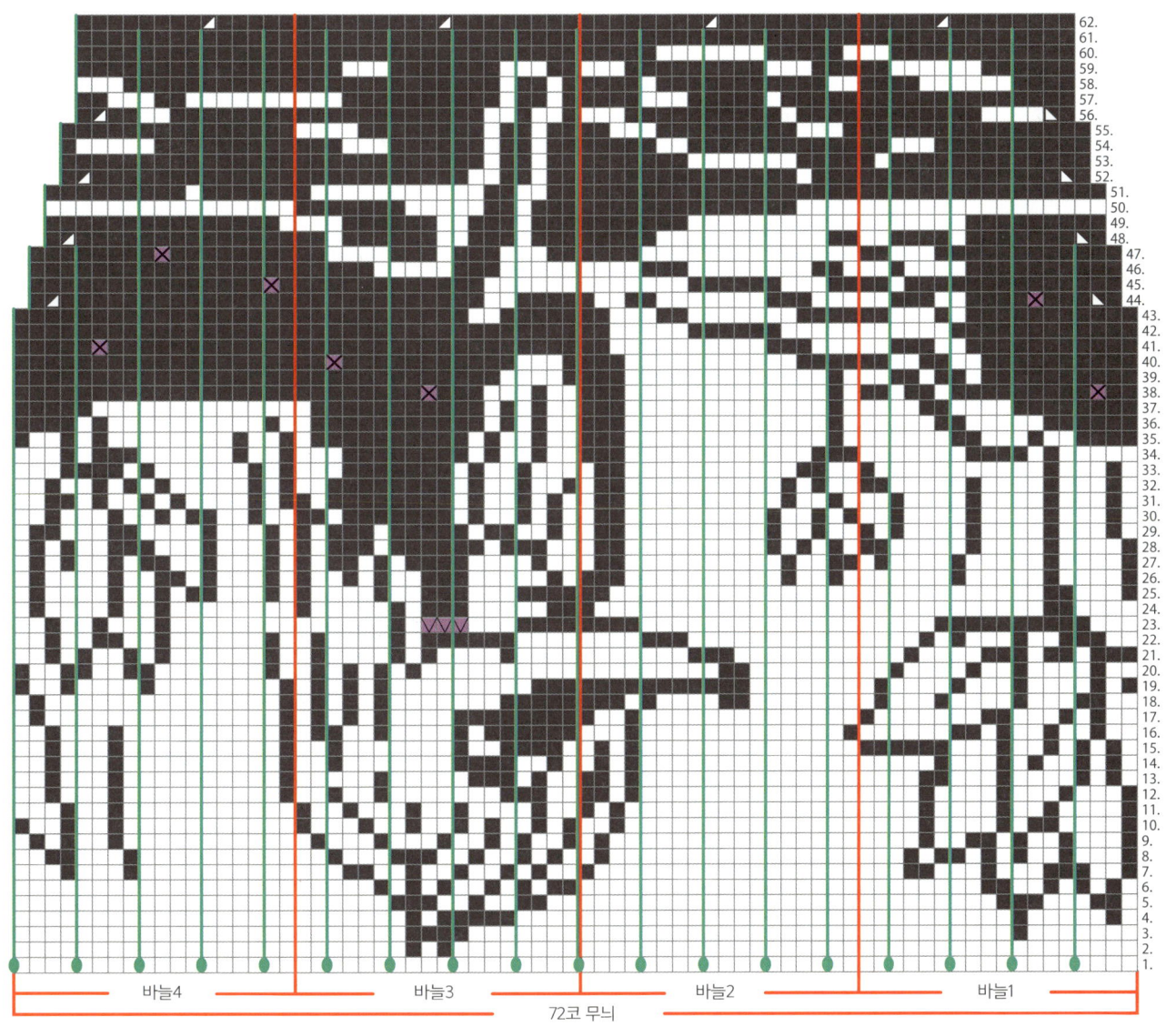

- □ =겉뜨기(색상A)
- ■ =겉뜨기(색상B)
- ▽ =색상C 실을 사용해서 덧수로 수놓는다
- ✕ =색상C 실을 사용해서 레이지데이지 스티치로 꽃을 수놓는다
- ◣ =ssk코줄임(색상B)
- ◢ =왼코줄임(색상B)
- | =래더 코 위치, 래더 코를 안뜨기한다
- ● =코와 코 사이의 가닥을 주워 겉뜨기하듯이 꼬아서 래더 코를 만든다

발

뒤꿈치의 왼쪽 바늘(바늘1)의 6코를 겉뜨기한다. 여분의 바늘을 사용해서, 힐플랩의 왼쪽 가장자리를 따라 14(15)코+힐플랩과 바늘2 사이에서 1코 줍는다. 주운 코를 겉뜨기하면서 바늘 1로 옮기는데, 주운 코의 뒷가닥에 넣어서 겉뜨기한다. 바늘2와 바늘3의 코를 겉뜨기한다. 6코가 있는 바늘을 사용해서, 힐플랩의 오른쪽 가장자리를 따라 14(15)코+힐플랩과 바늘3 사이에서 1코 줍는다. 주운 코와 뒤꿈치 6코를 겉뜨기하면서 바늘4로 옮기는데, 주운 코의 뒷가닥에 넣어서 겉뜨기한다. 이제 총 70(74)코 있다.

계속해서 메리야스뜨기하면서, 다음과 같이 거싯 코줄임한다: 바늘1 끝에서 왼코줄임하고 바늘4 시작에서 ssk코줄임한다. 각 바늘에 14(15)코[총 56(60)코] 남을 때까지 2단마다 이 코줄임을 반복한다. **주의:** 만약 발볼이 좁은 양말을 뜨고 있다면, 코줄임을 몇 번 더 반복한다. 다만 마지막에는 각 바늘에 균등하게 코를 나눠야 한다.

계속해서 발 부분이 5(6.5)cm가 될 때까지 혹은 원하는 최종 길이보다 2cm 모자랄 때까지 메리야스뜨기로 작업한다.

계속해서 메리야스뜨기하면서 다음과 같이 코줄임해 헛간지붕 모양 발끝을 만들기 시작한다:
바늘1과 바늘3: 3코 남을 때까지 겉뜨기한다, 왼코줄임, 겉뜨기1.
바늘2와 바늘4: 겉뜨기1, ssk코줄임, 단 끝까지 겉뜨기한다.

총 28코 남을 때까지 2단마다 코줄임을 반복한다. 총 8코 남을 때까지 매 단 코줄임한다. 실을 자르고 남은 코 사이로 통과시킨다.

두 번째 양말도 동일한 방식으로 뜨는데 양말목의 디자인이 대칭되도록 무늬도안1B(무늬도안2B)를 참고해서 뜬다.

마무리

색상C 실을 사용해서 말 목 부분에 덧수로 리본을 수놓고 실끝을 겉면으로 가져온다. 실끝을 리본 모양으로 묶어 매듭짓는다. 말 몸통의 꽃을 레이지데이지 스티치로 무늬도안에 표시된 위치에 수놓는다. 양말 발 부분에도 꽃을 몇 개 수놓는다.

실을 정리한다. 조심해서 양말을 적셔서, 평평한 곳에 펼쳐 치수에 맞춰 블로킹한다. 마르도록 둔다. 필요하다면 가볍게 스팀 블로킹한다.

"실례지만 저는 커피를 마시지 않아요. 꽃만 먹는답니다."
《사랑에 빠진 무민》
(무민 코믹 스트립 컬러판)

그로크 조심
BEWARE OF THE GROKE

발이 큰 분들을 위해 디자인된 이 사랑스러운 양말은 부츠 안쪽을 따뜻하게 감싸줍니다. 불길한 기운을 나타내는 회색 음영의 고무뜨기단은 꼬아고무뜨기했습니다. 양말목은 세로 배색뜨기인 인타시어intarsia 기법으로 원통으로 뜨고, 발은 페어아일 기법으로 작업했습니다. 마지막에 자수로 작은 디테일을 더합니다.

디자이너 시스코 셀페키비Sisko Sälpäkivi

사이즈 UK 8(11), EU 42(46), US 여성 10(13½), US 남성 9(12)

실
노비타 무미탈로 DK(8합/라이트 워스티드 굵기)100g/225m 앤세스터 401(색상A 회색), 스팅키 099(색상B 검정) 각 1(2)볼, 무민트롤 007(색상C 흰색) 1볼, 수놓을 때 사용할 미플 229(색상D 노랑) 혹은 다른 노란색 실 소량

실 소요량
두 사이즈 모두 색상A·B 각 100(150)g, 색상C 25g

바늘
3mm 장갑바늘 혹은 정확한 게이지를 얻는 데 필요한 호수의 바늘

기법
원통으로 *꼬아고무뜨기*:
뒷가닥에 넣어 겉뜨기1, 안뜨기1, *~*을 반복한다.

원통으로 메리야스뜨기:
모든 단 겉뜨기한다.

원통으로 페어아일 뜨기:
무늬도안과 지시사항을 따라 메리야스뜨기로 작업한다.

원통으로 인타시어 뜨기:
지시사항을 따라 겉면에서 겉뜨기하고 안면에서 안뜨기한다. 각 섹션마다 각각 다른 타래의 실을 사용한다. 서로 다른 색상의 실이 만나는 부분의 편물 안면에서 실을 서로 꼬아 구멍이 생기지 않게 한다.

텐션(게이지) 메리야스뜨기 25코=10cm

주의
양말은 발목단에서 발끝으로, 위에서 아래로 뜬다. 원통으로 인타시어 뜨기 기법을 사용해 그로크와 배경을 작업한다. 디테일(구름의 윤곽, 땅, 별, 입, 눈)은 마지막에 수놓는다. 대안으로 양말목 부분은 인타시어 기법을 사용해서 평뜨기로 작업할 수도 있다. 이 경우 시접으로 쓸 수 있게 양쪽 가장자리에 1코씩 코늘림하고 뒤꿈치를 뜨기 전에 늘린 코를 코줄임한다.

왼쪽 양말

색상A 실을 사용해서 66(70)코 만든다. 4개의 바늘에 코를 나눈다: 바늘1과 바늘4에 각 17(18)코, 바늘2와 바늘3에 각 16(17)코. 단의 시작은 양말 뒤쪽 바늘1과 바늘4 사이에 있다.

코가 꼬이지 않도록 조심하며 원통으로 이어서 꼬아고무뜨기로 3cm 뜬다. 겉뜨기로 1단 뜨는데, 각 바늘에 1코씩 코늘림한다[총 70(74)코]. 다음과 같이 각 바늘에 코를 나눈다: 바늘1과 바늘4에 각 19(21)코, 바늘2와 바늘3에 각 16(16)코.

무늬도안1A의 1단을 참고해 70(74)코 모두를 사용해서 원통으로 인타시어 무늬 뜨기를 시작한다. *편물을 뒤집는다, 바늘비우기, 무늬도안의 다음 단을 안뜨기한다. 단 끝에서 마지막 코와 단 시작의 바늘비우기 코를 함께 안뜨기한다. 편물을 뒤집는다, 바늘비우기, 무늬도안의 다음 단을 겉뜨기한다. 단 시작의 바늘비우기 코와 마지막 코를 오른코줄임 기법으로 함께 뜬다.* *~*를 반복하며 무늬도안의 모든 단을 뜬다.

주의: 그로크와 배경은 인타시어 기법으로 작업한다. 디테일(구름의 윤곽, 땅, 별, 입, 눈)은 마지막에 수놓는다. 나중에 수놓을 코가 있는 곳은 색상A 혹은 색상B 실을 사용해서 작업한다.

무늬도안의 27, 41, 57, 67단에서 다음과 같이 코줄임한다: 단 시작에서: 바늘비우기, 왼코줄임, 3코 남을 때까지 원통으로 뜬다, 오른코줄임, 단 시작의 바늘비우기 코와 마지막 코를 오른코줄임 기법으로 함께 뜬다. **주의:** 큰 사이즈는 지시사항을 따를 때 항상 작은 사이즈의 코줄임 코를 겉뜨기 코로 취급하고 무늬도안 네모 칸에 보이는 색상의 실을 사용해서 작업한다.

무늬도안을 완성하면 총 62(66)코가 된다. 다음과 같이 바늘에 코를 나눈다: 바늘1과 바늘4에 각 15(17)코, 바늘2와 바늘3에 각 16(16)코.

뒤꿈치

색상A 실을 사용해서 뒤꿈치를 작업한다.

바늘1의 코를 겉뜨기해 바늘4로 옮기면서 뒤꿈치를 뜨기 시작한다. 큰 사이즈는 단 전체에 고르게 분배해 2코 코줄임한다[힐 플랩 30(32)코]. 바늘2와 바늘3에 남은 코를 쉼코로 둔다. 편물을 뒤집는다. 다음과 같이 걸러뜨기 무늬를 시작해 뒤꿈치를 보강한다:

1단(안면): (실을 편물 앞에 두고) 1코걸러뜨기, 단 끝까지 안뜨기한다. 편물을 뒤집는다.
2단(겉면): *(실을 편물 뒤에 두고) 1코걸러뜨기, 겉뜨기1*, *~*을 단 끝까지 반복한다. 편물을 뒤집는다.
1~2단을 15(16)회 반복하고 다시 1단을 뜬다[총 31(33)단].

다음과 같이 코줄임을 시작해 뒤꿈치 모양을 만든다:
계속해서 이전과 동일한 걸러뜨기 무늬로 뒤꿈치를 보강한다. 겉면 단에서 시작해서, 왼손 바늘에 11(12)코 남을 때까지 무늬대로 뜬다, 오른코줄임, 편물을 뒤집는다.
안뜨기하듯이 1코걸러뜨기, 왼손 바늘에 11(12)코 남을 때까지 안면에서 8코 안뜨기한다. 안뜨기로 2코모아뜨기, 편물을 뒤집는다.
겉뜨기하듯이 1코걸러뜨기, 왼손 바늘에 10(11)코 남을 때까지 무늬대로 뜬다, 오른코줄임, 편물을 뒤집는다.

계속해서 앞에서 한 방식대로 앞뒤로 편물을 뒤집어가며 평뜨기로 작업한다. 즉 단의 첫 번째 코는 항상 걸러뜨기하고, 겉면 단 끝에서는 오른코줄임하고, 안면 단 끝에서는 안뜨기로 2코모아뜨기한다. 중심에는 항상 10코가 남아 있고 양쪽 가장자리의 콧수는 매 단 1코씩 줄어든다. 안면 단에서 중심 양옆의 코가 모두 소진되어 코줄임이 끝나면, 겉면에서 겉뜨기로 5코 뜬다. 이 지점(뒷중심)이 이제 단 시작이다.

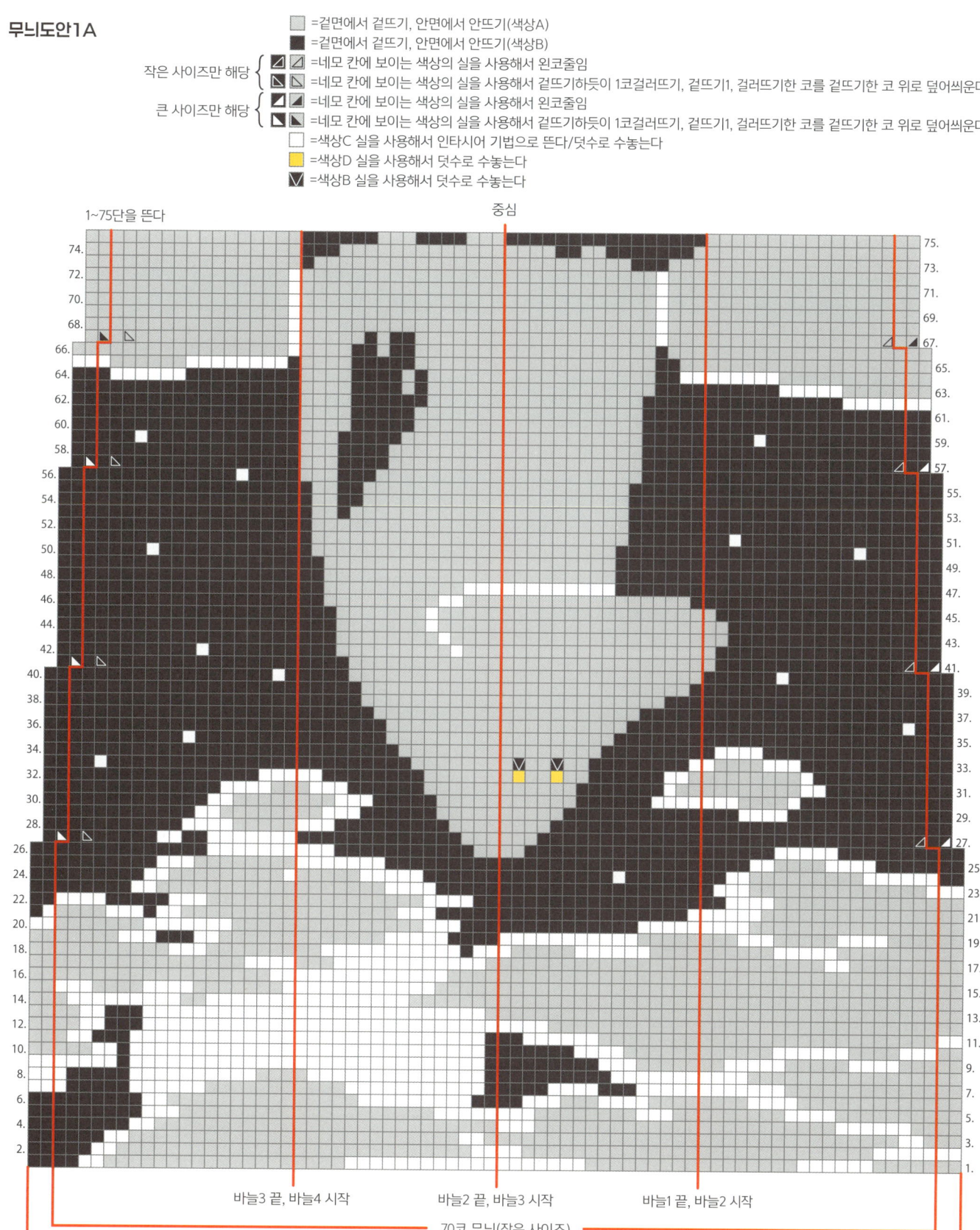

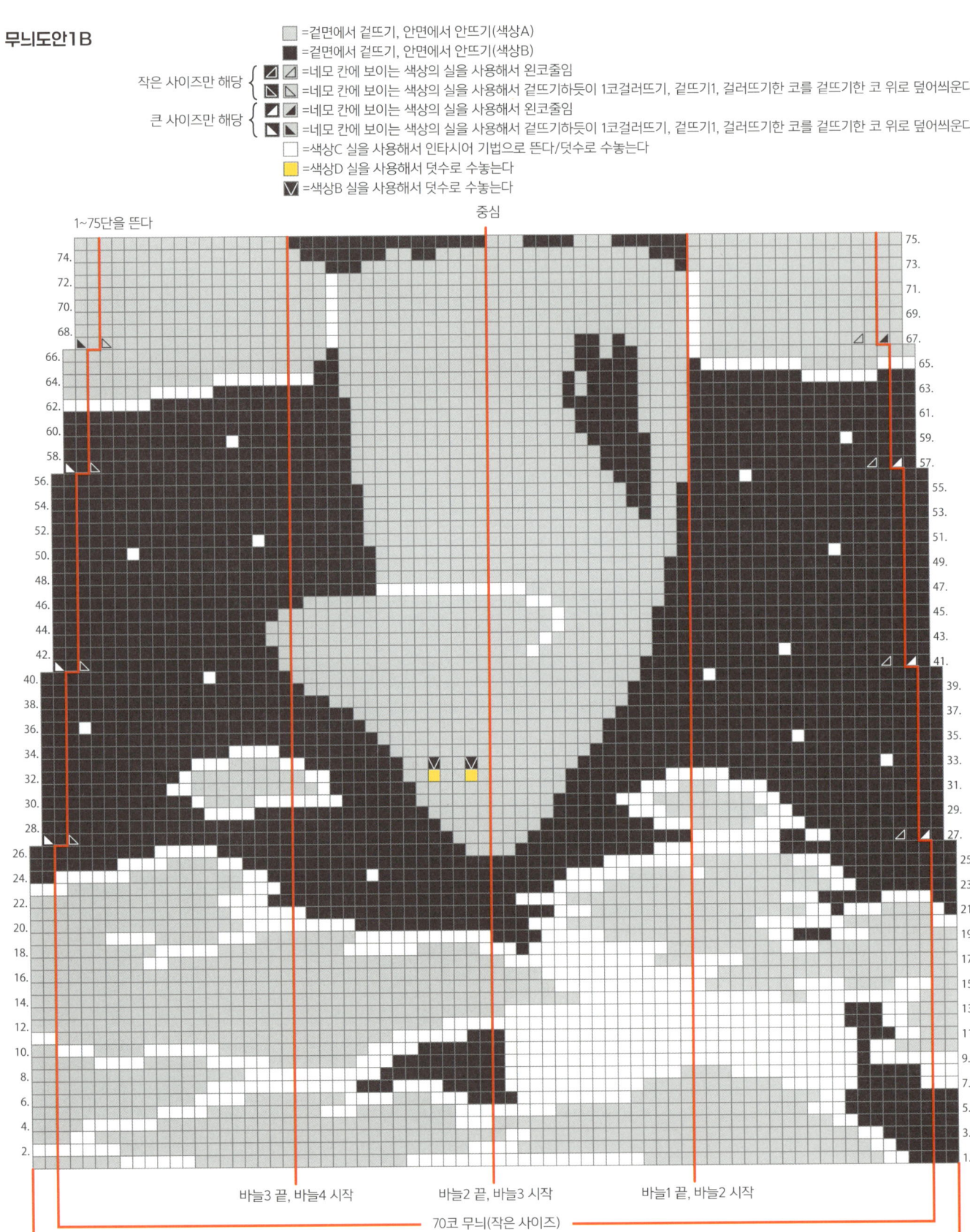

발

바늘1을 사용해서, 힐플랩의 왼쪽 가장자리를 따라 15(16)코+힐플랩과 바늘2 사이에서 1코 줍는다. 바늘4를 사용해서, 힐플랩의 오른쪽 가장자리를 따라 15(16)코+힐플랩과 바늘3 사이에서 1코 줍는다. 이제 총 74(76)코 있다.

무늬도안2A의 1단을 참고해서, 페어아일 무늬를 뜨기 시작한다. 힐플랩 가장자리를 따라 주운 코의 뒷가닥에 넣어 겉뜨기하며 바늘1로 옮기고 남은 코는 일반적인 방법으로 겉뜨기한다. 무늬도안의 2~15단을 뜬다. 무늬도안을 참고해서 다음과 같이 거짓 코줄임을 작업한다: 바늘1 끝에서 왼코줄임하고 바늘4 시작에서 오른코줄임한다. 60(62)코 남을 때까지 2단마다 코줄임한다. 다음과 같이 코를 나눈다: 바늘1과 바늘4에 각 14(15)코, 바늘2와 바늘3에 각 16(16)코.

이제 양말의 발 부분이 22(25)cm가 될 때까지 혹은 신을 사람의 새끼발가락을 덮을 때까지 무늬도안2A의 16~19단을 반복한다. 색상A 실을 자른다. 색상B 실을 사용해서 발끝을 작업한다. 큰 사이즈는 겉뜨기로 1단 더 뜨고, 발바닥에서 2코 코줄임한다. 각 바늘에 15코씩 균등하게 나눈다.

계속해서 메리야스뜨기하며 다음과 같이 헛간지붕 모양 발끝 코줄임한다:
바늘1과 바늘3: 3코 남을 때까지 겉뜨기한다, 왼코줄임, 겉뜨기1.
바늘2와 바늘4: 겉뜨기1, 오른코줄임, 단 끝까지 겉뜨기한다.

앞에서 한 방식대로 총 28코 남을 때까지 2단마다 코줄임한다. 총 8코 남을 때까지 매 단 코줄임한다. 실을 자르고 남은 코 사이로 통과시킨다.

오른쪽 양말

무늬도안1B와 무늬도안2B를 참고해서 대칭되는 무늬로 뜬다.

마무리

색상C 실을 사용해서 덧수 기법으로 별, 구름과 땅의 흰색 윤곽선과 그로크의 입을 수놓는다. 색상B과 색상D 실을 사용해서 덧수로 눈을 수놓는다.

실을 정리한다. 조심해서 양말을 적셔서, 평평한 곳에 펼쳐 치수에 맞춰 블로킹한다. 마르도록 둔다. 필요하다면 가볍게 스팀 블로킹한다.

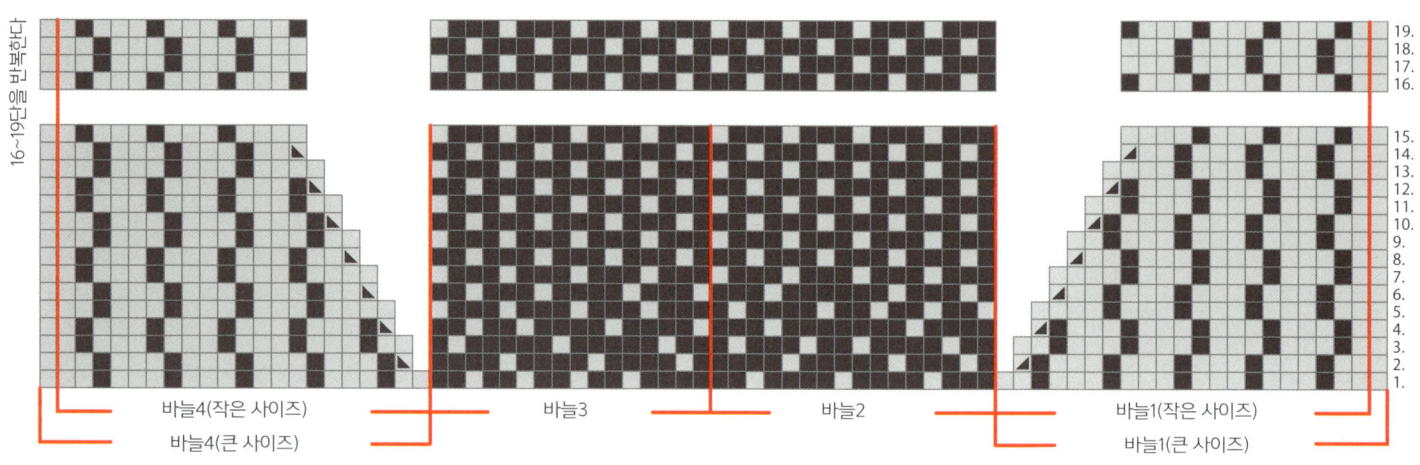

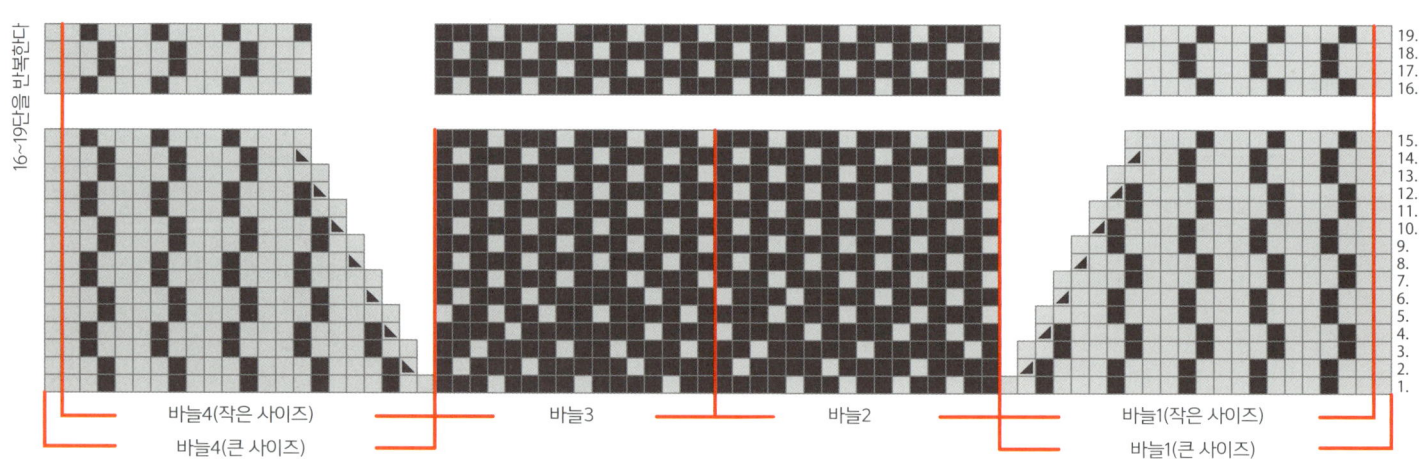

110

그는 재빨리 얼음 너머를 바라보았고, 지평선 근처 어딘가에서
크고 서투른 그로크가 뒤뚱거리는 것이 보인다고 생각했습니다.
《무민의 겨울》

로맨틱한 무민들
ROMANTIC MOOMINS

무민트롤과 스노크메이든이 함께 석양을 바라보는 모습이 담긴 양말이에요. 양말에는 피콧 가장자리가 있으며 페어아일 무늬는 래더 백 자카드 기법으로 작업했습니다. 무민의 윤곽선과 작은 디테일은 나중에 자수로 수놓았습니다.

디자이너 피료 이보넨

사이즈 UK 2½~6(6½~9), EU 35~39(40~43), US 여성 5~8½(9~11½), US 남성 3½~7(7½~10)

실
노비타 무미탈로 DK(8합/라이트 워스티드 굵기) 100g/225m 헤물렌 720(색상A 연보라), 무민트롤 007(색상B 흰색), 앤세스터 401(색상C 회색), 스노크 152(색상D 하늘색) 각 1볼, 수놓을 때 사용할 스팅키 099(색상E 검정) 소량

실 소요량
두 사이즈 모두 색상A·B·D 각 100g, 색상C 50g

바늘
3mm 장갑바늘 혹은 정확한 게이지를 얻는 데 필요한 호수의 바늘

기법
원통으로 메리야스뜨기:
모든 단 겉뜨기한다.

원통으로 페어아일 뜨기:
무늬도안과 지시사항을 따라 메리야스뜨기한다. 래더 백 자카드 기법으로 양말목의 페어아일 무늬에서 플로트를 잡는다. 온라인에서 이 방법을 보여주는 동영상과 설명을 찾을 수 있다. 래더 코를 만드는 위치는 무늬도안에 표시되어 있다.

텐션(게이지) 메리야스뜨기 25코=10cm

주의
양말은 발목단에서 발끝으로, 위에서 아래로 뜬다. 래더 백 자카드 기법은 편물을 느슨하게 하기 때문에 페어아일 무늬 텐션이 일정하게 유지되도록 신경 써야 한다. 양말을 뜨고 나서 지시사항을 따라 파도, 모래 해변의 디테일, 무민의 윤곽선을 수놓는다.

양말목

색상A 실을 사용해서 64(72)코 만든다. 4개의 바늘에 16(18)코씩 나눈다. 단의 시작은 양말 뒤쪽 바늘1과 바늘4 사이에 있다. 코가 꼬이지 않도록 조심하며 원통으로 이어서 메리야스뜨기로 5단 뜬다. 다음과 같이 구멍이 있는 단을 떠서 피콧 가장자리를 만든다: *왼코줄임, 바늘비우기*, *~*를 단 끝까지 반복한다. 메리야스뜨기로 5단 더 뜬다.

구멍이 있는 단에서 양말의 위쪽 끝을 안면으로 접는다. 왼손 바늘을 사용해서, 코를 만든 단에서 1코 줍는다, 2코를 함께 겉뜨기한다(=처음 코를 만든 단에서 주운 코+바늘의 첫 번째 코). 계속해서 전체 단을 따라서 코를 합치는데, 항상 코를 만든 단 가장자리를 따라서 다음 코를 줍고 왼손 바늘의 다음 코와 함께 겉뜨기한다.

겉뜨기로 1단 뜬다. 64(72)코 모두 사용해서 무늬도안의 1단을 뜨는데, 무늬도안에 표시된 코 사이에서 편물 안면에 래더 코를 만든다.
무늬도안 2단에서 페어아일 무늬 뜨기를 시작한다. 무늬도안 3~33단을 뜬다.

34단에서 무늬도안에 표시된 대로 색상C 실을 추가하고 계속해서 34~37단은 3가지 실을 사용해서 래더 백 자카드 기법으로 작업한다. 래더 코는 뜨는 데 쓰이지 않는 2가지 색상으로 작업한다. 38단에서 래더 코를 다음 코와 함께 겉뜨기해 정리한다.

무늬도안에 표시된 곳에서 코줄임하며 무늬도안의 끝까지 뜬다. **주의:** 큰 사이즈는 지시사항을 따를 때 항상 작은 사이즈의 코줄임 코를 겉뜨기 코로 취급하고 무늬도안 네모 칸에 보이는 색상의 실을 사용해서 작업한다.

이제 총 56(64)코 있다. 각 바늘에 14(16)코씩 균등하게 코를 나눈다. 색상D 실을 사용해서 양말의 나머지 부분을 뜬다.

뒤꿈치

바늘1의 코를 겉뜨기해 바늘4로 옮기며 뒤꿈치를 시작한다[힐 플랩 28(32)코]. 바늘2와 바늘3에 남은 코를 쉼코로 둔다. 편물을 뒤집는다. 다음과 같이 걸러뜨기 무늬로 뒤꿈치를 보강한다:
1단(안면): (실을 편물 앞에 두고) 1코걸러뜨기, 단 끝까지 안뜨기한다. 편물을 뒤집는다.
2단(겉면): *(실을 편물 뒤에 두고) 1코걸러뜨기, 겉뜨기1*, *~*을 단 끝까지 반복한다. 편물을 뒤집는다.
1~2단을 총 14(16)회 반복하고 다시 1단을 뜬다[총 29(33)단].

다음과 같이 코줄임을 시작해 뒤꿈치 모양을 만든다:
계속해서 이전과 동일한 걸러뜨기 무늬로 뒤꿈치를 보강한다. 겉면 단에서 시작해서, 겉뜨기하듯이 1코걸러뜨기, 왼손 바늘에 9(11)코 남을 때까지 무늬대로 뜬다, ssk코줄임, 편물을 뒤집는다.
안뜨기하듯이 1코걸러뜨기, 왼손 바늘에 9(11)코 남을 때까지 안면에서 10코 안뜨기한다. 안뜨기로 2코모아뜨기, 편물을 뒤집는다.
겉뜨기하듯이 1코걸러뜨기, 왼손 바늘에 8(10)코 남을 때까지 무늬대로 뜬다, 오른코줄임, 편물을 뒤집는다.

계속해서 앞에서 한 방식대로 앞뒤로 편물을 뒤집어가며 평뜨기로 작업한다. 즉 단의 첫 번째 코는 항상 걸러뜨기하고, 겉면 단 끝에서는 ssk코줄임하고, 안면 단 끝에서는 안뜨기로 2코모아뜨기한다. 중심에는 항상 12코가 남아 있고 양쪽 가장자리의 콧수는 매 단 1코씩 줄어든다. 안면 단에서 중심 양옆의 코가 모두 소진되어 코줄임이 끝나면, 겉면에서 겉뜨기로 6코 뜬다. 이 지점(뒷중심)이 이제 단 시작이다.

무늬도안

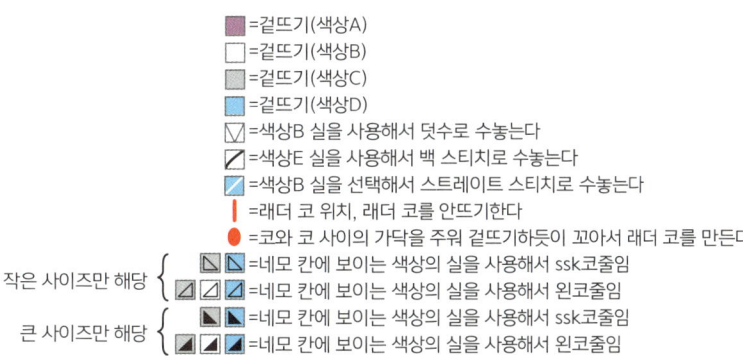

1~56단을 뜬다

64코 무늬(작은 사이즈)
72코 무늬(큰 사이즈)

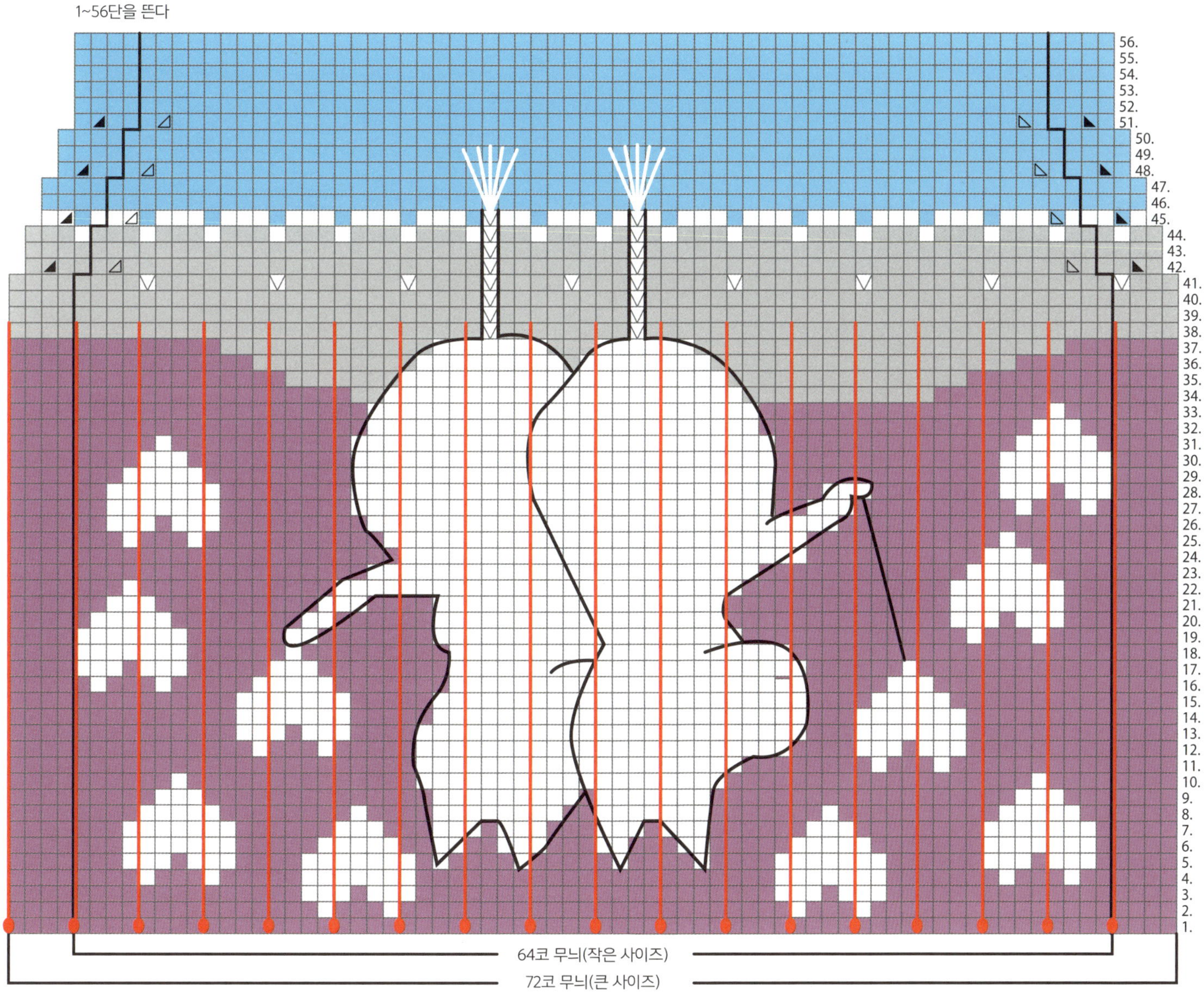

발

뒤꿈치의 왼쪽 바늘(바늘1)의 6코를 겉뜨기한다. 여분의 바늘을 사용해서, 힐플랩의 왼쪽 가장자리를 따라 14(16)코+힐플랩과 바늘2 사이에서 1코 줍는다. 주운 코를 겉뜨기하면서 바늘 1로 옮기는데, 주운 코의 뒷가닥에 넣어서 겉뜨기한다. 바늘2와 바늘3의 코를 겉뜨기한다. 6코가 있는 바늘을 사용해서, 힐플랩의 오른쪽 가장자리를 따라 14(16)코+힐플랩과 바늘3 사이에서 1코 줍는다. 주운 코와 뒤꿈치 6코를 겉뜨기하면서 바늘4로 옮기는데, 주운 코의 뒷가닥에 넣어서 겉뜨기한다. 이제 총 70(78)코 있다.

계속해서 메리야스뜨기하면서, 다음과 같이 거싯 코줄임한다: 바늘1 끝에서 왼코줄임하고, 바늘4 시작에서 ssk코줄임한다. 각 바늘에 14(16)코[총 56(64)코] 남을 때까지 2단마다 이 코줄임을 반복한다. **주의:** 만약 발볼이 좁은 양말을 뜨고 있다면, 코줄임을 몇 번 더 반복한다. 다만 마지막에는 각 바늘에 균등하게 코를 나눠야 한다.

발 부분이 5(6.5)cm가 될 때까지 혹은 원하는 최종 길이보다 2cm 모자랄 때까지 메리야스뜨기로 작업한다.

계속해서 메리야스뜨기하고 다음과 같이 코줄임해 별 모양 발끝을 만들기 시작한다: 각 바늘의 중간과 끝에서 왼코줄임한다. 이번 단에서 8코 코줄임했다. 코줄임 없이 5(6)단 뜨고 코줄임 단을 반복한다. 그다음에는 코줄임 없이 4(5)단 뜨고 코줄임 단을 반복한다.

계속해서 이런 방식으로, 즉 매 코줄임 단 사이에 평단을 1단씩 적게 뜨면서 작업한다. 총 8코 남았을 때(만약 거싯 코줄임 횟수를 다르게 해서 각 바늘에 13(15)코를 남기고 발끝 코줄임을 시작했다면 총 12코 남았을 때) 실을 자르고 남은 코 사이로 통과시킨다. 단단히 잡아당기고 풀리지 않게 매듭짓는다.

두 번째 양말

첫 번째 양말과 동일하게 뜬다.

마무리

색상B 실을 사용해서 덧수로 물결을 수놓는다. 색상B 실을 사용해 무늬도안을 참고해서 모래 해변의 디테일과 무민들의 꼬리를 덧수로 수놓는다. 꼬리 끝의 털은 색상B 실을 사용해서 스트레이트 스티치로 수놓는다. 색상E 실을 두 가닥으로 나눠 백스티치로 윤곽선을 수놓는다.

실을 정리한다. 조심해서 양말을 적셔서, 평평한 곳에 펼쳐 치수에 맞춰 블로킹한다. 마르도록 둔다. 필요하다면 가볍게 스팀 블로킹한다.

무민트롤과 스노크메이든은 나란히 앉아
만족스럽게 불을 바라보았어요.
《위험한 여름》

여름날
A SUMMER'S DAY

아름답고 푸른 하늘이 무민트롤을 잔디밭에 앉게 했어요. 이 양말의 디자인은 주로 페어아일 뜨기로 이루어졌지만 마지막에 작은 디테일을 수놓았습니다. 뒤꿈치와 발끝이 보강되어 있습니다.

디자이너 소냐 뉘케넨

사이즈 UK 2½/3½, EU 35/36, US 여성 5/6, US 남성 3½/4

실
노비타 무미탈로 DK(8합/라이트 워스티드 굵기) 100g/225m
무민트롤 007(색상A 흰색), 스노크 152(색상B 하늘색), 스너프킨 381(색상C 녹색) 각 1볼
수놓을 때 사용할 헤뮬렌 720(색상D 연보라), 미플 229(색상E 노랑), 스팅키 099(색상F 검정) 소량

실 소요량
색상 A·B·C 각 50g

바늘
3mm 장갑바늘 혹은 정확한 게이지를 얻는 데 필요한 호수의 바늘

기법
원통으로 꼬아고무뜨기:
뒷가닥에 넣어 겉뜨기1, 안뜨기1, *~*을 반복한다.

원통으로 메리야스뜨기:
모든 단 겉뜨기한다.

원통으로 페어아일 뜨기:
무늬도안과 지시사항을 따라 메리야스뜨기한다. 3코 이상 걸쳐지는 플로트는 안면에서 실을 꼬아서 늘어지지 않게 잡아준다. 연속된 단에서 같은 위치에 플로트가 떨어지지 않도록 플로트 잡는 위치를 다양하게 할 것.

텐션(게이지) 페어아일 뜨기 24코=10cm

주의
양말은 발목단에서 발끝으로, 위에서 아래로 뜬다. 나중에 덧수와 백 스티치로 무민트롤의 윤곽선과 꽃술을 수놓는다. 무민트롤의 윤곽선을 수놓을 때는 실을 두 가닥으로 나눠서 사용해도 좋다.

양말목

색상A 실을 사용해서 56코 만든다. 4개의 바늘에 14코씩 균등하게 나눈다. 단의 시작은 양말 뒤쪽 바늘1과 바늘4 사이에 있다. 코가 꼬이지 않도록 조심하며 원통으로 이어서 꼬아고무뜨기로 3cm 뜬다. 겉뜨기로 1단 뜬다.

56코를 모두 사용해 무늬도안1A의 1단을 참고해서 페어아일 무늬를 뜨기 시작한다. 무늬도안의 2~39단을 뜬다. **주의:** 무민트롤의 마지막 5단(35~39단)은 배경 무늬를 참고해서 색상B와 색상C 실을 사용해서 작업한다. 흰색 코는 이후에 색상A 실을 사용해서 덧수 기법으로 수놓는다.

색상C 실을 사용해서 겉뜨기로 1단 뜨는데, 단 전체에 고르게 분배해 4코 코줄임한다(총 52코).

무늬도안2의 1단을 참고해서 다음과 같이 페어아일 무늬를 뜨기 시작한다: 오른쪽 가장자리의 1코 뜬다, 6코 무늬를 8회 반복한다, 마지막으로 왼쪽 가장자리의 3코를 뜬다. 무늬도안의 2~6단을 뜬다. **주의:** 꽃술은 색상C 실로 작업하고, 이후에 색상E 실을 사용해서 덧수로 수놓는다.

색상C 실을 사용해서 겉뜨기로 2단 뜨는데, 2단 중 첫 번째 단에서 단 전체에 고르게 분배해 4코 코줄임한다(총 48코).

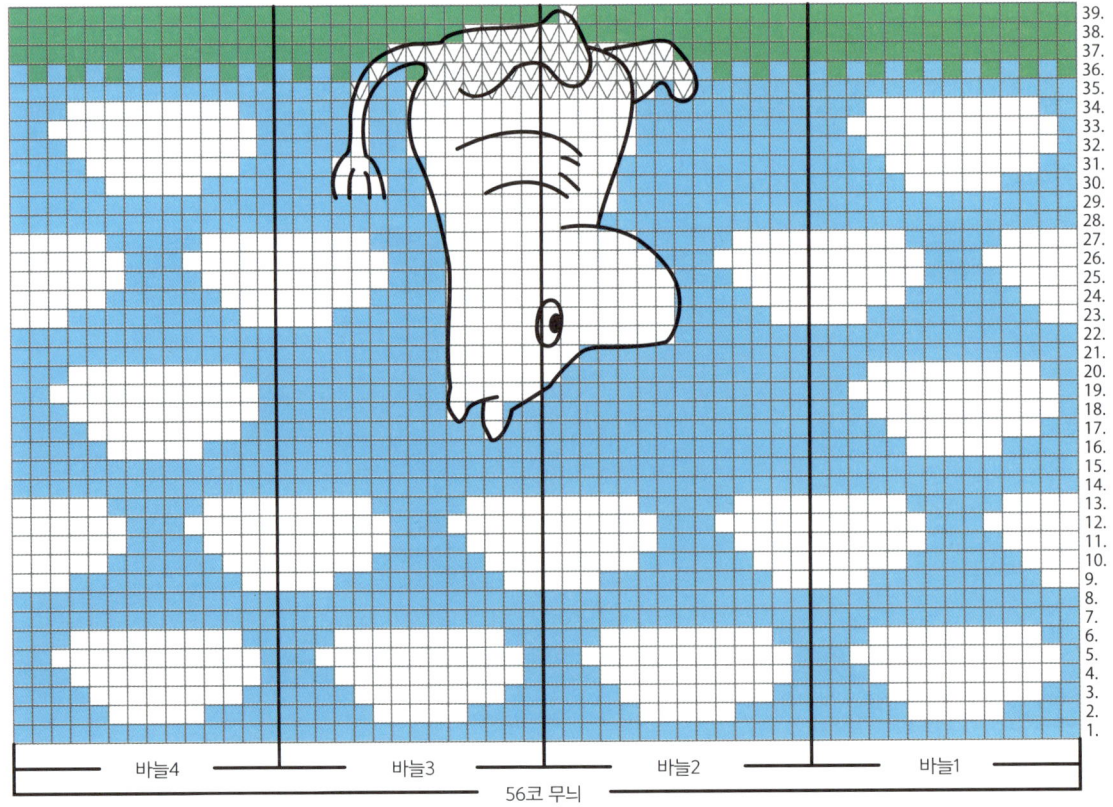

무늬도안1A

1~39단을 뜬다

이제 무늬도안1A와 무늬도안2를 참고해서 무민트롤과 꽃술을 수놓는다. 편물이 너무 길지 않을 때 그리고 발끝을 막기 전이 수놓기 더 쉽다.

각 바늘에 12코가 있는지 확인한다. 양말의 나머지 부분은 색상C 실을 사용해서 작업한다.

무늬도안2

1~6단을 뜬다

무늬도안1B

1~39단을 뜬다

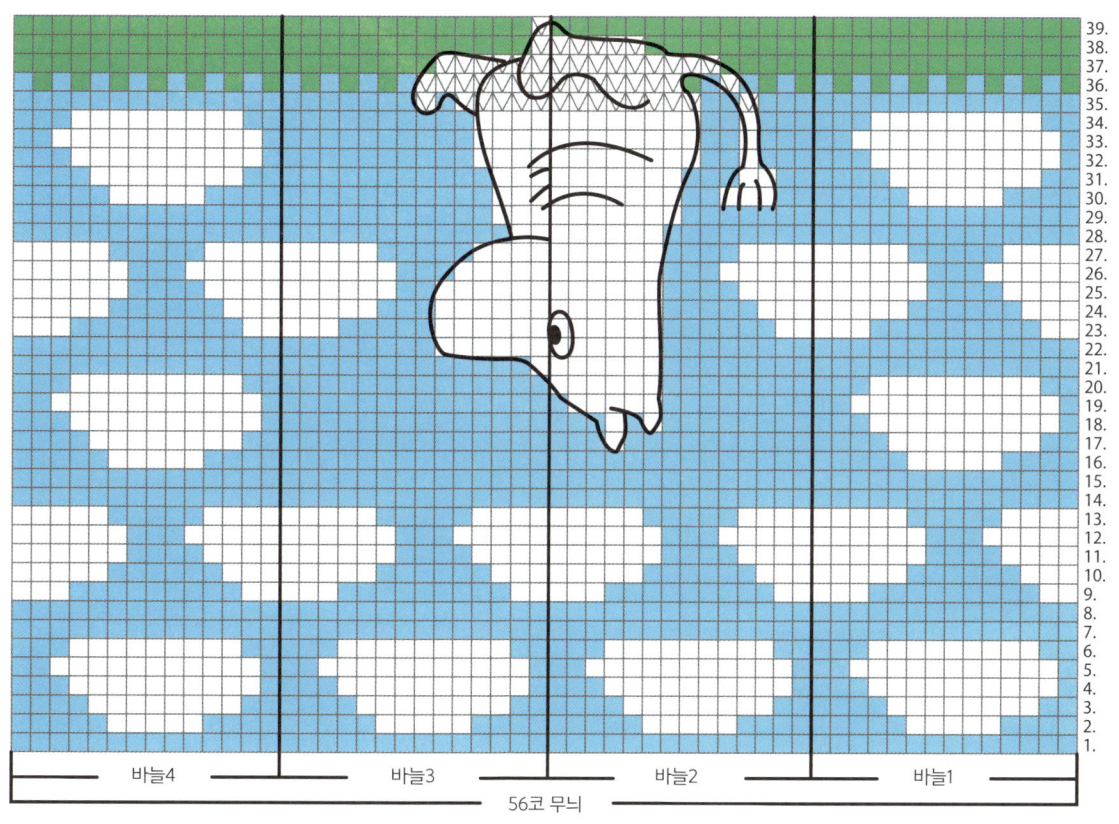

뒤꿈치

바늘1의 코를 겉뜨기해 바늘4로 옮기며 뒤꿈치를 만들기 시작한다(힐플랩 24코). 바늘2와 바늘3에 남은 코를 쉼코로 둔다. 편물을 뒤집는다. 겉뜨기2, 안뜨기20, 겉뜨기2. 편물을 뒤집는다. 다음과 같이 가장자리는 가터뜨기로 뜨고 걸러뜨기를 시작해 뒤꿈치를 보강한다:

1단(겉면): 겉뜨기2, *(실을 편물 뒤에 두고) 1코걸러뜨기, 겉뜨기1*, 2코 남을 때까지 *~*을 반복한다, 겉뜨기2. 편물을 뒤집는다.
2단(안면): 겉뜨기2, 2코 남을 때까지 안뜨기한다, 겉뜨기2. 편물을 뒤집는다.
1~2단을 총 12회 반복한다(총 24단).

다음과 같이 코줄임을 시작해 뒤꿈치 모양을 만든다:
계속해서 이전과 동일한 걸러뜨기 무늬로 뒤꿈치를 보강한다. 겉면 단에서 시작해, 왼손 바늘에 9코 남을 때까지 무늬대로 뜬다, 오른코줄임, 편물을 뒤집는다.
안뜨기하듯이 1코걸러뜨기, 왼손 바늘에 9코 남을 때까지 안면에서 6코 안뜨기한다, 안뜨기로 2코모아뜨기, 편물을 뒤집는다. **주의:** 단이 짧아졌기 때문에 이제 가장자리를 뜰 가터뜨기 코가 없다.
겉뜨기하듯이 1코걸러뜨기, 왼손 바늘에 8코 남을 때까지 무늬대로 뜬다, 오른코줄임, 편물을 뒤집는다.

계속해서 앞에서 한 방식대로 앞뒤로 편물을 뒤집어가며 평뜨기로 작업한다. 즉 단의 첫 번째 코는 항상 걸러뜨기하고, 겉면 단 끝에서는 오른코줄임하고, 안면 단 끝에서는 안뜨기로 2코모아뜨기한다. 중심에는 항상 8코가 남아 있고 양쪽 가장자리의 콧수는 매 단 1코씩 줄어든다. 안면 단에서 중심 양옆의 코가 모두 소진되어 코줄임이 끝나면, 겉면에서 겉뜨기로 4코 뜬다. 이 지점(뒷중심)이 이제 단 시작이다.

발

뒤꿈치의 왼쪽 바늘(바늘1)의 4코 겉뜨기한다. 여분의 바늘을 사용해서, 힐플랩의 왼쪽 가장자리를 따라 12코+힐플랩과 바늘2 사이에서 1코 줍는다. 주운 코를 겉뜨기하면서 바늘 1로 옮기는데, 주운 코의 뒷가닥에 넣어서 겉뜨기한다. 바늘2와 바늘3의 코를 겉뜨기한다. 4코가 있는 바늘을 사용해서, 힐플랩의 오른쪽 가장자리를 따라 12코+힐플랩과 바늘3 사이에서 1코 줍는다. 주운 코와 뒤꿈치의 4코를 겉뜨기해 바늘4로 옮기는데, 주운 코의 뒷가닥에 넣어서 겉뜨기한다. 이제 총 58코 있다.

계속해서 다음과 같이 거짓 코줄임하면서 메리야스뜨기한다:
바늘1 끝에서 왼코줄임하고, 바늘4 시작에서 오른코줄임한다. 이 코줄임을 총 48코 남을 때까지 2단마다 반복한다.

양말의 발 부분이 17cm가 될 때까지 혹은 신을 사람의 새끼발가락을 덮을 때까지 메리야스뜨기한다.

계속해서 메리야스뜨기하면서 다음과 같이 코줄임해 헛간지붕 모양 발끝을 만든다:
바늘1과 바늘3: 3코 남을 때까지 겉뜨기한다, 왼코줄임, 겉뜨기1.
바늘2와 바늘4: 오른코줄임, 단 끝까지 겉뜨기한다.

앞에서 한 방식대로 총 28코 남을 때까지 2단마다 코줄임하고, 총 8코 남을 때까지 매 단 코줄임한다. 실을 자르고 남은 코 사이로 통과시킨다.

두 번째 양말

동일한 방식으로 뜨는데 양말목 부분을 뜰 때는 무늬도안1B를 참고한다.

마무리

실을 정리한다. 조심해서 양말을 적셔서, 평평한 곳에 펼쳐 치수에 맞춰 블로킹한다. 마르도록 둔다. 필요하다면 가볍게 스팀 블로킹한다.

하지만 따뜻함이 졸음을 유발하고
생각에 집중할 수 없게 만들었기 때문에
그들은 구름에 등을 대고 누워
종달새가 노래하는 봄 하늘을
올려다보았습니다.

《마법사가 잃어버린 모자》

눈 속에서 느끼는 재미
FUN IN THE SNOW

스키를 타러 간 스팅키가 얼음 구멍에서 헤엄치는 무민트롤을 발견했어요. 눈송이로 뒤덮인 겨울 하늘과 파도는 전통적인 페어아일 기법으로 작업했습니다. 무민 캐릭터는 나중에 덧수로 수놓았습니다.

디자이너 소냐 뉘케넨

사이즈 UK 3½/4, EU 36/37, US 여성 6/6½, US 남성 4/5

실
노비타 무미탈로 DK(8합/라이트 워스티드 굵기) 100g/225m 무민트롤 007(색상A 흰색), 스노크 152(색상B 하늘색) 각 1볼, 수놓을 때 사용할 스팅키 099(색상C 검정), 필리용크 599(색상D 빨강) 혹은 오렌지색 실 소량

실 소요량
색상A·B 각 100g

바늘
3mm 장갑바늘 혹은 정확한 게이지를 얻는 데 필요한 호수의 바늘

기법
원통으로 모크케이블 뜨기:
무늬도안과 지시사항을 따른다.

원통으로 메리야스뜨기:
모든 단 겉뜨기한다.

원통으로 페어아일 뜨기:
무늬도안과 지시사항을 따라 메리야스뜨기한다. 3코 이상 걸쳐지는 플로트는 안면에서 실을 꼬아서 늘어지지 않게 잡아준다. 연속된 단에서 같은 위치에 플로트가 떨어지지 않도록 플로트 잡는 위치를 다양하게 할 것.

텐션(게이지) 페어아일 뜨기 25코=10cm

주의
양말은 발목단에서 발끝으로, 위에서 아래로 뜬다. 스팅키와 무민트롤은 나중에 덧수와 백 스티치로 수놓는다. 무민트롤의 윤곽선을 수놓을 때는 실을 두 가닥으로 나눠 사용해도 좋다.

무늬도안1

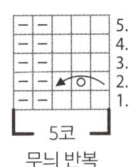

□ =겉뜨기
− =안뜨기
↗ =3코를 오른손 바늘로 옮긴다, 가장 오른쪽 코를 다른 2코 위로 덮어씌운다, 다른 2코를 다시 왼손 바늘로 옮긴다, 겉뜨기1, 바늘비우기, 겉뜨기1

양말목

색상A 실을 사용해서 60코 만든다. 4개의 바늘에 15코씩 균등하게 나눈다. 단의 시작은 양말 뒤쪽 바늘1과 바늘4 사이에 있다. 코가 꼬이지 않도록 조심하며 원통으로 잇는다. 무늬도안1의 1단을 참고해서 5코 무늬를 12회 반복하며 모크케이블 무늬를 뜨기 시작한다. 무늬도안의 1~5단을 2회 뜬 다음 무늬도안의 1~4단을 뜬다(총 14단). 겉뜨기로 1단 뜬다.

색상B 실로 바꿔 겉뜨기로 1단 뜬다. 이제 무늬도안2의 1단을 참고해서 4코 무늬를 단 끝까지 반복하며 원통으로 페어아일 무늬를 뜨기 시작한다. 무늬도안의 1~4단을 7회 뜬 다음에는 무늬도안의 1~3단을 뜬다(총 31단).

색상A 실을 사용해서 메리야스뜨기로 9단 뜨는데, 3단에서 단 전체에 고르게 분배해 4코 코줄임한다(총 56코).

이제 무늬도안3을 참고해서 양말목 앞부분에 스팅키를 수놓는다. 편물이 너무 길지 않을 때 그리고 발끝을 막기 전이 수놓기가 더 쉽다.

무늬도안4의 1단을 참고해서 8코 무늬를 7회 반복하며 페어아일 무늬를 뜨기 시작한다. 무늬도안의 2~7단을 뜬다. 색상B 실을 자른다.

뒤꿈치

색상A 실을 사용해서 뒤꿈치를 작업한다.

바늘1의 코를 겉뜨기해 바늘4로 옮기며 뒤꿈치를 만들기 시작한다(힐플랩 28코). 바늘2와 바늘3에 남은 코를 쉼코로 둔다. 편물을 뒤집는다. 겉뜨기2, 안뜨기24, 겉뜨기2. 편물을 뒤집는다. 다음과 같이 가장자리는 가터뜨기로 뜨고 걸러뜨기를 시작해 뒤꿈치를 보강한다:

1단(겉면): 겉뜨기2, *(실을 편물 뒤에 두고) 1코걸러뜨기, 겉뜨기1*, 2코 남을 때까지 *~*을 반복한다, 겉뜨기2. 편물을 뒤집는다.
2단(안면): 겉뜨기2, 2코 남을 때까지 안뜨기한다, 겉뜨기2. 편물을 뒤집는다.
1~2단을 총 14회 반복한다(총 28단).

다음과 같이 코줄임을 시작해 뒤꿈치 모양을 만든다: 계속해서 이전과 동일한 걸러뜨기 무늬로 뒤꿈치를 보강한다. 겉면 단에서 시작해, 왼손 바늘에 10코 남을 때까지 무늬대로 뜬다, 오른 코줄임, 편물을 뒤집는다.
안뜨기하듯이 1코걸러뜨기, 왼손 바늘에 10코 남을 때까지 안면에서 8코 안뜨기한다, 안뜨기로 2코모아뜨기, 편물을 뒤집는다.
주의: 단이 짧아져서 이제 가장자리를 뜰 가터뜨기 코가 없다.

무늬도안3

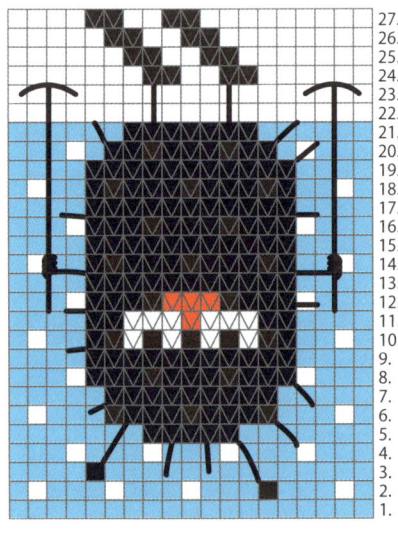

무늬도안4

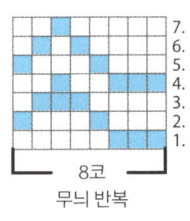

8코
무늬 반복

■ =색상C 실을 사용해서 덧수로 수놓는다
■ =색상D 실을 사용해서 덧수로 수놓는다
□ =색상A 실을 사용해서 덧수로 수놓는다
╱ =색상C 실을 사용해서 백 스티치/스템 스티치로 수놓는다

무늬도안2

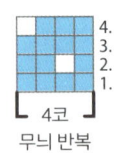

□ =겉뜨기(색상A)
■ =겉뜨기(색상B)

4코
무늬 반복

겉뜨기하듯이 1코걸러뜨기, 왼손 바늘에 9코 남을 때까지 무늬대로 뜬다, 오른코줄임, 편물을 뒤집는다.

계속해서 앞에서 한 방식대로 앞뒤로 편물을 뒤집어가며 평뜨기로 작업한다. 즉 단의 첫 번째 코는 항상 걸러뜨기하고, 겉면 단 끝에서는 오른코줄임하고, 안면 단 끝에서는 안뜨기로 2코 모아뜨기한다. 중심에는 항상 10코가 남아 있고 양쪽 가장자리의 콧수는 매 단 1코씩 줄어든다. 안면 단에서 중심 양옆의 코가 모두 소진되어 코줄임이 끝나면, 겉면에서 겉뜨기로 5코 뜬다. 이 지점(뒷중심)이 이제 단 시작이다.

발

뒤꿈치의 왼쪽 바늘(바늘1)의 5코 겉뜨기한다. 여분의 바늘을 사용해서, 힐플랩의 왼쪽 가장자리를 따라 14코+힐플랩과 바늘2 사이에서 1코 줍는다. 주운 코를 겉뜨기하면서 바늘1로 옮기는데, 주운 코의 뒷가닥에 넣어서 겉뜨기한다. 바늘2와 바늘3의 코를 겉뜨기한다. 5코가 있는 바늘을 사용해서, 힐플랩의 오른쪽 가장자리를 따라 14코+힐플랩과 바늘3 사이에서 1코 줍는다. 주운 코와 뒤꿈치의 5코를 겉뜨기해 바늘4로 옮기는데, 주운 코의 뒷가닥에 넣어서 겉뜨기한다. 이제 총 68코 있다.

계속해서 메리야스뜨기하면서 다음과 같이 거짓 코줄임한다: 바늘1 끝에서 왼코줄임하고, 바늘4 시작에서 오른코줄임한다. 이 코줄임을 총 56코 남을 때까지 2단마다 반복한다.

무늬도안5의 1단을 참고해서 8코 무늬를 7회 반복하며 페어아일 무늬를 뜨기 시작한다. 무늬도안의 2~6단을 뜬다.

색상B 실을 사용해서 메리야스뜨기로 15단 뜬다.

무늬도안6의 1단을 참고해서 다음과 같이 페어아일 무늬를 뜨기 시작한다: 6코 무늬를 9회 반복하고 마지막으로 왼쪽 가장자리의 2코를 뜬다. 무늬도안의 2단을 뜬다.

무늬도안7을 참고해서 발등 가운데에 무민트롤을 수놓는다. 발 끝을 막기 전이 수놓기 더 쉽다.

색상A 실을 사용해서 약 3cm 혹은 신을 사람의 새끼발가락을 덮을 때까지 메리야스뜨기한다.

계속해서 메리야스뜨기하면서 다음과 같이 코줄임해 헛간지붕 모양 발끝을 만든다:
바늘1과 바늘3: 3코 남을 때까지 겉뜨기한다, 왼코줄임, 겉뜨기1.
바늘2와 바늘4: 겉뜨기1, 오른코줄임, 단 끝까지 겉뜨기한다.

앞에서 한 방식대로 총 32코 남을 때까지 2단마다 코줄임하고, 총 8코 남을 때까지 매 단 코줄임한다. 실을 자르고 남은 코 사이로 통과시킨다.

두 번째 양말
동일한 방식으로 뜨는데 캐릭터가 서로 다른 방향을 보도록 수놓는다.

마무리
실을 정리한다. 조심해서 양말을 적셔서, 평평한 곳에 펼쳐 치수에 맞춰 블로킹한다. 마르도록 둔다. 필요하다면 가볍게 스팀 블로킹한다.

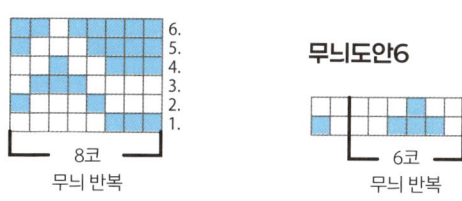

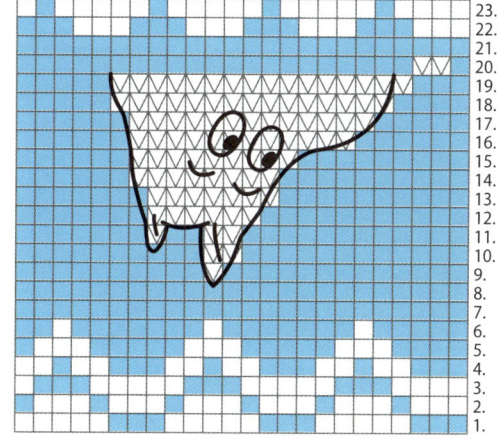

☐ =색상A 실을 사용해서 덧수로 수놓는다
☑ =색상C 실을 사용해서 백 스티치로 수놓는다

졸린 스노크메이든
SLEEPY SNORKMAIDEN

이 매력적인 스노크메이든 양말은 2코 케이블고무뜨기로 시작됩니다. 흰색 하트와 스노크메이든은 전통적인 페어아일 기법으로 만들었습니다. 양말을 뜬 후 디테일을 자수로 수놓습니다. 짧은 양말은 빠르게 뜰 수 있고 착용감이 편안합니다.

디자이너 소냐 뉘케넨

사이즈 UK 5/6, EU 38/39, US 여성 7½/8½, US 남성 6/7

실
노비타 무미탈로 DK(8합/라이트 워스티드 굵기) 100g/225m
스노크메이든 507(색상A 분홍), 무민트롤 007(색상B 흰색) 각 1볼, 수놓을 때 사용할 미플 229(색상C 노랑), 스팅키 099(색상D 검정) 소량

실 소요량
색상A 100g, 색상B 50g

바늘
3mm 장갑바늘 혹은 정확한 게이지를 얻는 데 필요한 호수의 바늘
꽈배기바늘

기법
원통으로 케이블 뜨기:
무늬도안과 지시사항을 참고한다.

원통으로 메리야스뜨기:
모든 단 겉뜨기한다.

원통으로 페어아일 뜨기:
무늬도안과 지시사항을 따라 메리야스뜨기한다. 4코 이상 걸쳐지는 플로트는 안면에서 실을 꼬아서 늘어지지 않게 잡아준다. 연속된 단에서 같은 위치에 플로트가 떨어지지 않도록 플로트 잡는 위치를 다양하게 할 것.

텐션(게이지) 페어아일 뜨기 26코=10cm

주의
양말은 발목단에서 발끝으로, 위에서 아래로 뜬다. 스노크메이든의 윤곽선과 머리카락은 나중에 백 스티치와 덧수로 수놓는다.

무늬도안1

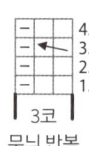

☐ =겉뜨기
☐ =안뜨기
⬅ =꽈배기바늘에 1코 옮겨 편물 앞에 둔다, 겉뜨기1, 꽈배기바늘의 1코 겉뜨기한다

양말목

색상A 실을 사용해서 60코 만든다. 4개의 바늘에 균등하게 15코씩 나눈다. 단의 시작은 양말 뒤쪽 바늘1과 바늘4 사이에 있다. 코가 꼬이지 않도록 조심하며 원통으로 잇는다. 무늬도안1의 1단에서 시작해 3코 무늬를 단 끝까지 반복하며 원통으로 케이블 무늬를 뜨기 시작한다. 무늬도안의 2~4단을 뜨고 양말목이 약 9cm가 될 때까지 3~4단을 반복한다.

뒤꿈치

바늘1의 코를 겉뜨기해 바늘4로 옮기며 뒤꿈치를 만들기 시작한다(힐플랩 30코). 바늘2와 바늘3에 남은 코를 쉼코로 둔다. 편물을 뒤집는다. 겉뜨기2, 안뜨기26, 겉뜨기2. 편물을 뒤집는다. 다음과 같이 가장자리는 가터뜨기로 뜨고 걸러뜨기를 시작해 뒤꿈치를 보강한다:

1단(겉면): 겉뜨기2, *(실을 편물 뒤에 두고) 1코걸러뜨기, 겉뜨기1*, 2코 남을 때까지 *~*를 반복한다, 겉뜨기2. 편물을 뒤집는다.
2단(안면): 겉뜨기2, 2코 남을 때까지 안뜨기한다, 겉뜨기2. 편물을 뒤집는다.
1~2단을 총 15회 반복한다(총 30단).

다음과 같이 코줄임을 시작해 뒤꿈치 모양을 만든다:
계속해서 동일한 걸러뜨기 무늬로 뒤꿈치를 보강한다. 겉면 단에서 시작해, 왼손 바늘에 11코 남을 때까지 무늬대로 뜬다, 오른코줄임, 편물을 뒤집는다.

안뜨기하듯이 1코걸러뜨기, 왼손 바늘에 11코 남을 때까지 안면에서 8코 안뜨기한다, 안뜨기로 2코모아뜨기, 편물을 뒤집는다. **주의**: 단이 짧아졌기 때문에 이제 가장자리를 뜰 가터뜨기 코가 없다.

겉뜨기하듯이 1코걸러뜨기, 왼손 바늘에 10코 남을 때까지 무늬대로 뜬다, 오른코줄임, 편물을 뒤집는다.

계속해서 앞에서 한 방식대로 앞뒤로 편물을 뒤집어가며 평뜨기로 작업한다. 즉, 단의 첫 번째 코는 항상 걸러뜨기하고, 겉면 단 끝에서는 오른코줄임하고, 안면 단 끝에서는 안뜨기로 2코모아뜨기한다. 중심에는 항상 10코가 남아 있고 양쪽 가장자리의 콧수는 매 단 1코씩 줄어든다. 안면 단에서 중심 양옆의 코가 모두 소진되어 코줄임이 끝나면, 겉면에서 겉뜨기로 5코 뜬다. 이 지점(뒷중심)이 이제 단 시작이다.

발

뒤꿈치의 왼쪽 바늘(바늘1)의 5코 겉뜨기한다. 여분의 바늘을 사용해서, 힐플랩의 왼쪽 가장자리를 따라 15코+힐플랩과 바늘2 사이에서 1코 줍는다. 주운 코를 겉뜨기하면서 바늘 1로 옮기는데, 주운 코의 뒷가닥에 넣어서 겉뜨기한다. 바늘2와 바늘3의 코를 겉뜨기한다. 5코가 있는 바늘을 사용해서, 힐플랩의 오른쪽 가장자리를 따라 15코+힐플랩과 바늘3 사이에서 1코 줍

는다. 주운 코와 뒤꿈치의 5코를 겉뜨기해 바늘4로 옮기는데, 주운 코의 뒷가닥에 넣어서 겉뜨기한다. 이제 총 72코 있다. 무늬도안2A의 1단을 떴다.

무늬도안2A의 2~40단을 뜬다. 계속해서 무늬도안을 참고해 다음과 같이 거짓 코줄임한다: 바늘1 끝에서 왼코줄임하고, 바늘4 시작에서 오른코줄임한다. 이 코줄임을 총 60코 남을 때까지 2단마다 반복한다. 계속해서 무늬도안2A의 끝까지 작업한다.

주의: 노란색으로 표시된 코는 처음에는 색상B 실을 사용해서 뜨고, 무늬도안2A의 모든 단을 뜬 후 색상C 실을 사용해서 덧수로 수놓는다. 스노크메이든의 윤곽선은 색상D 실을 두 가닥으로 나눠 백 스티치로 수놓는다.

색상B 실을 자르고 계속해서 색상A 실로 작업한다. 필요하다면 양말의 발 부분이 신을 사람의 새끼발가락을 덮을 때까지 추가로 메리야스뜨기 몇 단을 더 뜬다.

겉뜨기로 1단 뜨는데, 단 전체에 고르게 분배해 4코 코줄임한다.

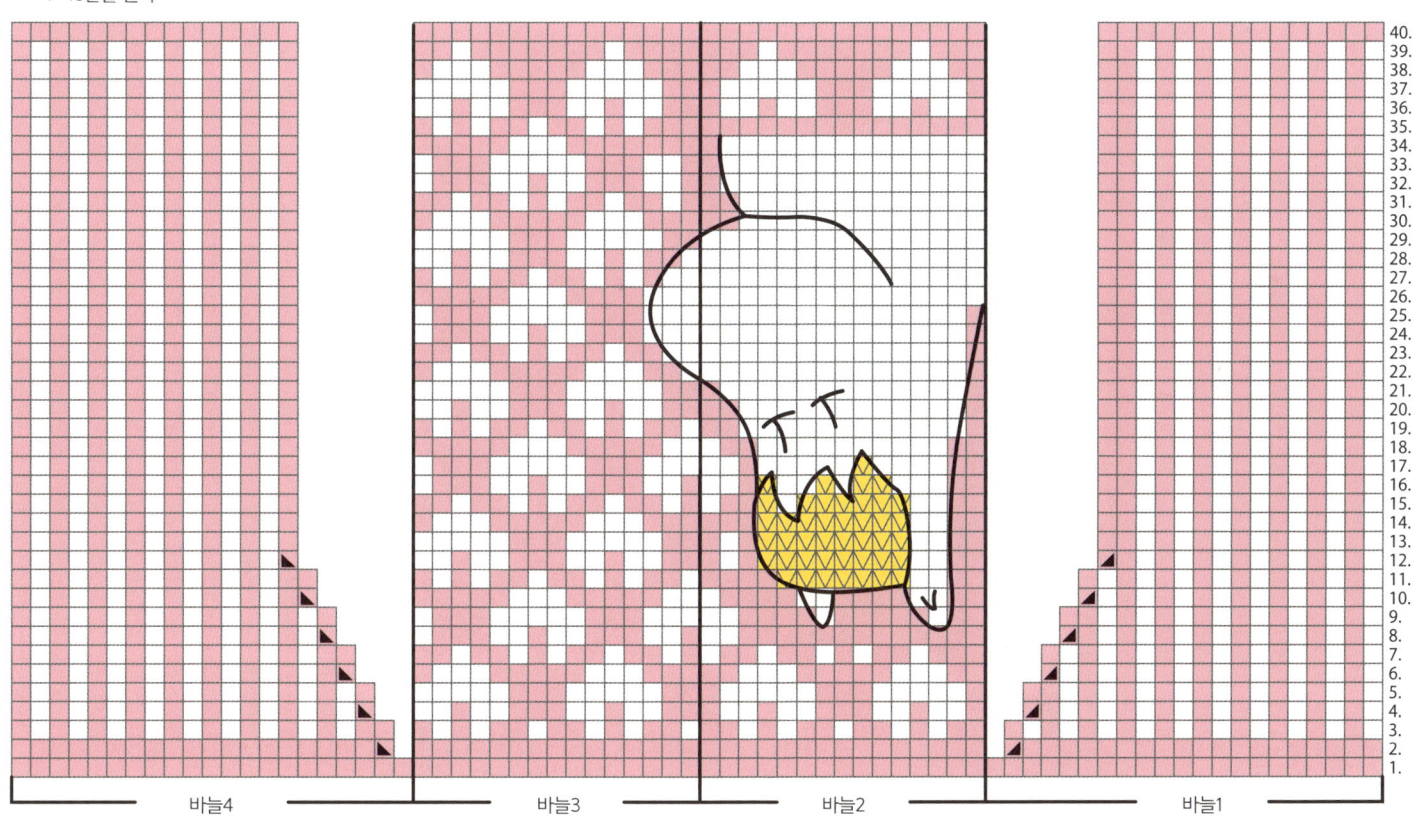

다음과 같이 코줄임해 별 모양 발끝을 만들기 시작한다: 각 바늘 시작과 가운데에서 왼코줄임한다. 8코 코줄임했고 이제 총 48코 남았다. 코줄임 없이 4단 뜬 다음, 코줄임 단을 반복한다(총 40코). 코줄임 없이 3단 뜬 다음, 코줄임 단을 반복한다(총 32코).

계속해서 이런 방식으로, 즉 매 코줄임 단 사이에 평단을 1단씩 적게 뜨면서 코줄임한다. 16코 남으면 전체 단에서 왼코줄임을 반복한다(총 8코). 실을 자르고 남은 코 사이로 통과시킨다. 단단히 잡아당기고 풀리지 않게 매듭짓는다.

두 번째 양말

첫 번째 양말과 동일하게 뜨는데 발 부분은 무늬도안2B를 참고한다.

마무리

실을 정리한다. 조심해서 양말을 적셔서, 평평한 곳에 펼쳐 치수에 맞춰 블로킹한다. 마르도록 둔다. 필요하다면 가볍게 스팀 블로킹한다.

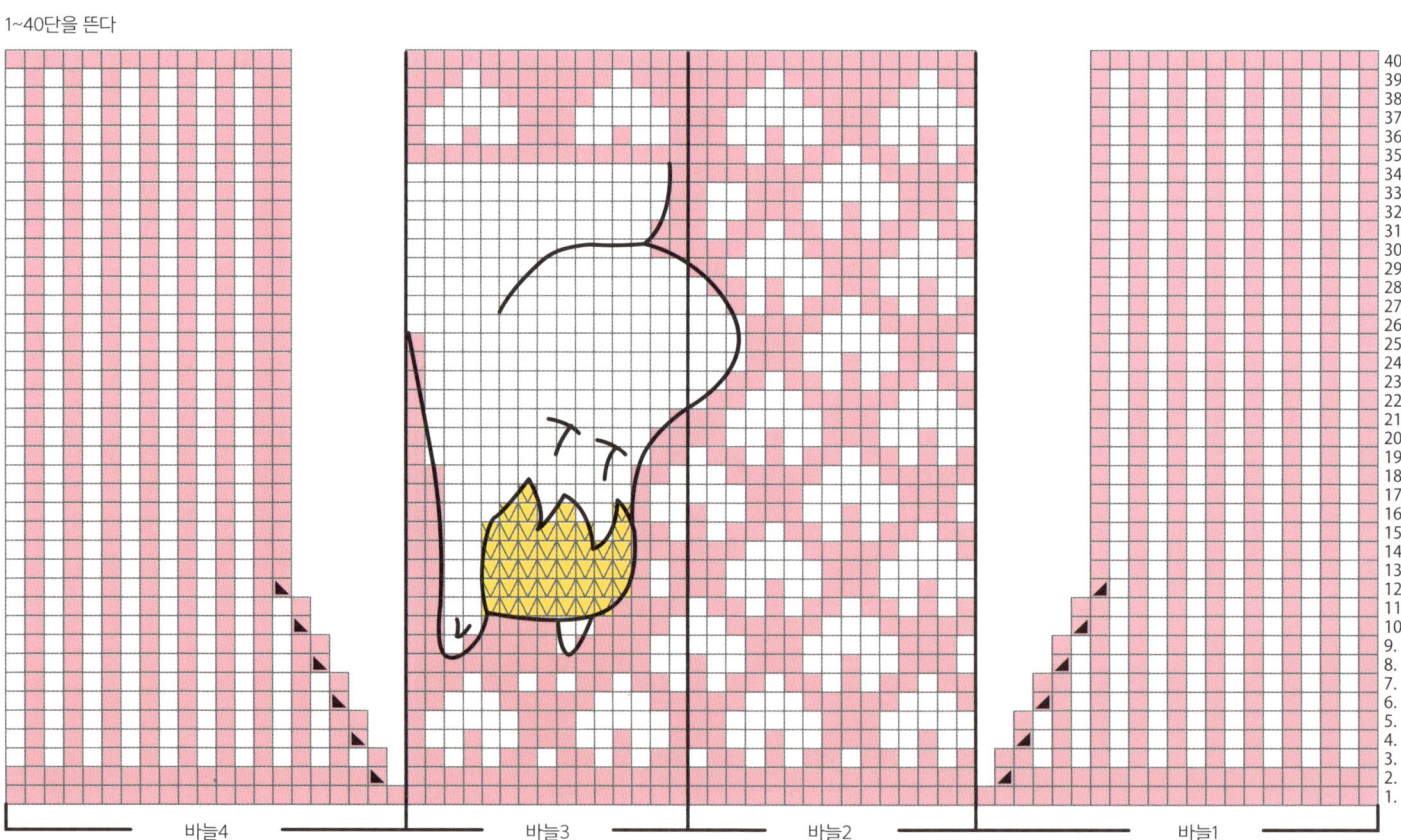

"…우리가 아홉 가지 꽃을 꺾어
베개 밑에 두었더니 꿈이 이루어졌어요."

《위험한 여름》

서두르는 무민트롤
MOOMINTROL IN A HURRY

두 가지 색상의 고무뜨기 발목단 아래 무민트롤이 길을 따라 서둘러 달려갑니다. 이 아동용 양말은 전통적인 페어아일 기법으로 만들었습니다. 발가락부터 뜨기 시작해 사선 모양 뒤꿈치를 마지막에 작업합니다.

디자이너 민투 비크베리

사이즈 UK 아동 13, EU 32, US 아동 1

실
노비타 무미탈로 DK(8합/라이트 워스티드 굵기) 100g/225m
무민트롤 007(색상 A 흰색), 스노크 152(색상B 하늘색) 각 1볼,
필리용크 599(색상C 빨강) 소량

실 소요량
색상A·B 각 50g

바늘
3mm 장갑바늘 혹은 정확한 게이지를 얻는 데 필요한 호수의 바늘

기법
2가지 색상으로 고무뜨기:
색상B 실로 겉뜨기1, 색상A 실로 안뜨기1, *~*을 반복한다.

원통으로 메리야스뜨기:
모든 단 겉뜨기한다.

원통으로 페어아일 뜨기:
무늬도안과 지시사항을 따라 메리야스뜨기한다. 4코 이상 걸쳐지는 플로트는 안면에서 실을 꼬아서 늘어지지 않게 잡아준다. 연속된 단에서 같은 위치에 플로트가 떨어지지 않도록 플로트 잡는 위치를 다양하게 할 것.

텐션(게이지) 페어아일 뜨기 25코=10cm

주의
양말은 발끝에서 발목단으로, 아래에서 위로 뜬다.

발

색상C 실을 사용해서 8코 만든다. 평뜨기로 작업하면서, 안뜨기로 1단 뜨고 겉뜨기로 1단 뜬다. 진행하던 실을 사용해서 코를 만든 가장자리에서 8코 줍는다(총 16코). 4개의 바늘에 4코씩 균등하게 코를 나눈다. 어느 단코표시링이 단 시작을 표시하는지 알 수 있게 바늘1과 바늘4 사이, 바늘2와 바늘3 사이에 구별되는 단코표시링을 건다. 단의 시작은 양말 옆쪽 바늘1과 바늘4 사이에 있다.

무늬도안의 2단에서 시작해서 원통으로 메리야스뜨기하는데, 이와 동시에 다음과 같이 코늘림한다: 바늘1과 바늘3의 시작에서 1코씩 코늘림하고, 단코표시링이 있는 바늘2와 바늘4의 끝에서 1코씩 코늘림한다. 코와 코 사이의 가닥을 주워 뒷가닥에 넣어 겉뜨기해 코늘림한다. **주의:** 바늘1과 바늘3 시작에서는 편물 앞에서 코와 코 사이의 가닥을 주워 왼손 바늘에 걸고, 바늘2와 바늘4 끝에서는 편물 뒤에서 코와 코 사이의 가닥을 주워 왼손 바늘에 건다. 무늬도안의 3단에서 시작해 계속해서 지시대로 코늘림하며 무늬도안의 3~15단을 뜬다. 코늘림 후에 각 바늘에 12코씩 총 48코가 있을 것이다.

계속해서 무늬도안 16단에서 시작해 페어아일 무늬를 뜨는데 편물이 발끝에서 11cm가 될 때까지 뜬다.

다음과 같이 끼워넣기 뒤꿈치의 위치를 표시한다:
바늘1과 바늘2의 코는 무늬도안을 참고해서 일반적인 방식대로 뜬다. 바늘3과 바늘4의 코는 알아보기 쉬운 별도의 실로 뜬다. 별도의 실을 자른다. 이제 무늬도안을 참고해서 별도의 실로 떴던 바늘3과 바늘4의 코를 다시 뜬다.

양말목

계속해서 무늬도안 끝까지 페어아일 무늬를 작업한다. 2가지 색상 고무뜨기로 3cm 뜬다. 1가지 색상 혹은 2가지 색상으로 고무뜨기하면서 코막음한다.

뒤꿈치

조심해서 별도의 실을 제거하고 색상B 실을 사용해서, 구멍의 위와 아래에서 24코씩 줍고 구멍의 양쪽 가장자리에서 추가로 2코씩 줍는다(총 52코). 양쪽 가장자리의 추가로 주운 코 사이에 단코표시링을 걸어 표시한다. 4개의 바늘에 균등하게 코를 나눈다. 단의 시작은 한쪽 가장자리의 단코표시링이 된다.

원통으로 메리야스뜨기 1단 뜬다.

다음과 같이 코줄임을 시작해 뒤꿈치 모양을 만든다:
바늘1과 바늘3: 겉뜨기1, 뒷가닥에 넣어 왼코줄임, 단 끝까지 겉뜨기한다.
바늘2와 바늘4: 3코 남을 때까지 겉뜨기한다, 왼코줄임, 겉뜨기1.

앞에서 한 방식대로 2단마다 코줄임을 3회 더 하고, 매 단 코줄임을 5회 반복한다(총 16코).

남은 코를 2개의 바늘에 균등하게, 위쪽 바늘에 8코 아래쪽 바늘에 8코 나눈다. 메리야스잇기한다. 온라인에서 이 방법을 보여주는 동영상과 설명을 찾을 수 있다.

두 번째 양말

첫번째 양말과 동일하게 뜬다.

마무리

실을 정리한다. 조심해서 양말을 적셔서, 평평한 곳에 펼쳐 치수에 맞춰 블로킹한다. 마르도록 둔다. 필요하다면 가볍게 스팀 블로킹한다.

■ =겉뜨기(색상C)
U =색상C 실을 사용해서 코와 코 사이의 가닥을 주워 뒷가닥에 넣어 겉뜨기해 1코 만든다
□ =겉뜨기(색상A)
■ =겉뜨기(색상B)

무늬도안 1~80단을 뜬다

해티패트너들이 온다
THE HATTIFATTENERS ARE COMING

이 양말은 으스스한 해티패트너들이 번개를 간절히 기다리는 모습을 보여줍니다. 여럿이 무리를 지어 움직이는 해티패트너들은 페어아일 디자인에서 각 단에 2가지 색상만 사용하므로 뜨기가 쉽습니다. 뒤꿈치는 마지막에 뜨고 발끝과 같은 방식으로 코줄임해 마무리합니다. 양말목이 넓어 남성도 편하게 신을 수 있는 양말입니다.

디자이너 민투 비크베리

사이즈 UK 5/6, EU 38/39, US 여성 7½/8½, US 남성 6/7

실
노비타 무미탈로 DK(8합/라이트 워스티드 굵기) 100g/225m
그로크 176(색상A 파랑), 무민트롤 007(색상B 흰색), 헤물렌 720(색상C 연보라) 각 1볼
수놓을 때 사용할 스팅키 099(색상D 검정) 소량

실 소요량
색상A·B·C 각 100g

바늘
3mm 장갑바늘 혹은 정확한 게이지를 얻는 데 필요한 호수의 바늘

기법
원통으로 꼬아고무뜨기:
뒷가닥에 넣어 겉뜨기1, 안뜨기1, *~*을 반복한다.

원통으로 메리야스뜨기:
모든 단 겉뜨기한다.

원통으로 페어아일 뜨기:
무늬도안과 지시사항을 따라 메리야스뜨기한다. 4코 이상 걸쳐지는 플로트는 안면에서 실을 꼬아서 늘어지지 않게 잡아준다. 연속된 단에서 같은 위치에 플로트가 떨어지지 않도록 플로트 잡는 위치를 다양하게 할 것.

텐션(게이지) 페어아일 뜨기 25코=10cm

주의
양말은 발목단에서 발끝으로, 위에서 아래로 뜨고, 끼워넣기 뒤꿈치로 마무리한다. 해티패트너의 눈은 양말을 뜨면서 혹은 양말을 뜬 후 덧수로 수놓는다.

양말목과 발

색상A 실을 사용해서 70코 만든다. 다음과 같이 4개의 바늘에 코를 나눈다: 바늘1과 바늘4에는 각 21코, 바늘2와 바늘3에는 각 14코. 단의 시작은 양말 뒤쪽 바늘1과 바늘4 사이에 있다. 코가 꼬이지 않도록 조심하며 원통으로 이어서 꼬아고무뜨기로 3cm 뜬다. 겉뜨기로 1단 뜬다.

무늬도안1의 1단을 참고해서 페어아일 무늬도안을 뜨기 시작한다. 무늬도안의 2~51단을 뜬다. **주의:** 해티패트너의 눈은 양말을 뜨면서 혹은 양말을 뜬 후 덧수로 수놓는다.

바늘1~3의 코를 사용해서 무늬도안1의 52단을 뜬다. 다음과 같이 끼워넣기 뒤꿈치 위치를 표시한다:
바늘4와 바늘1의 코를 알아보기 쉬운 별도의 실로 뜬다. 별도의 실을 자른다. 이제 별도의 실을 사용해 뜬 코를 다시 무늬도안을 참고해 뜨는데, 바늘4에 있는 코는 무늬도안1의 끝까지 뜨고, 바늘1에 있는 코는 무늬도안2의 1단을 시작한다.
무늬도안2의 1단 끝까지 뜬다. 이제 총 56코가 있다. 무늬도안2의 2~16단을 뜬다.

■ =겉뜨기(색상A)
□ =겉뜨기(색상B)
■ =겉뜨기(색상C)
◣ =왼코줄임(색상C)
◣ =뒷가닥에 넣어 왼코줄임(색상C)
■ =색상D 실을 사용해서 덧수로 수놓는다
— =끼워넣기 뒤꿈치의 위치

무늬도안1

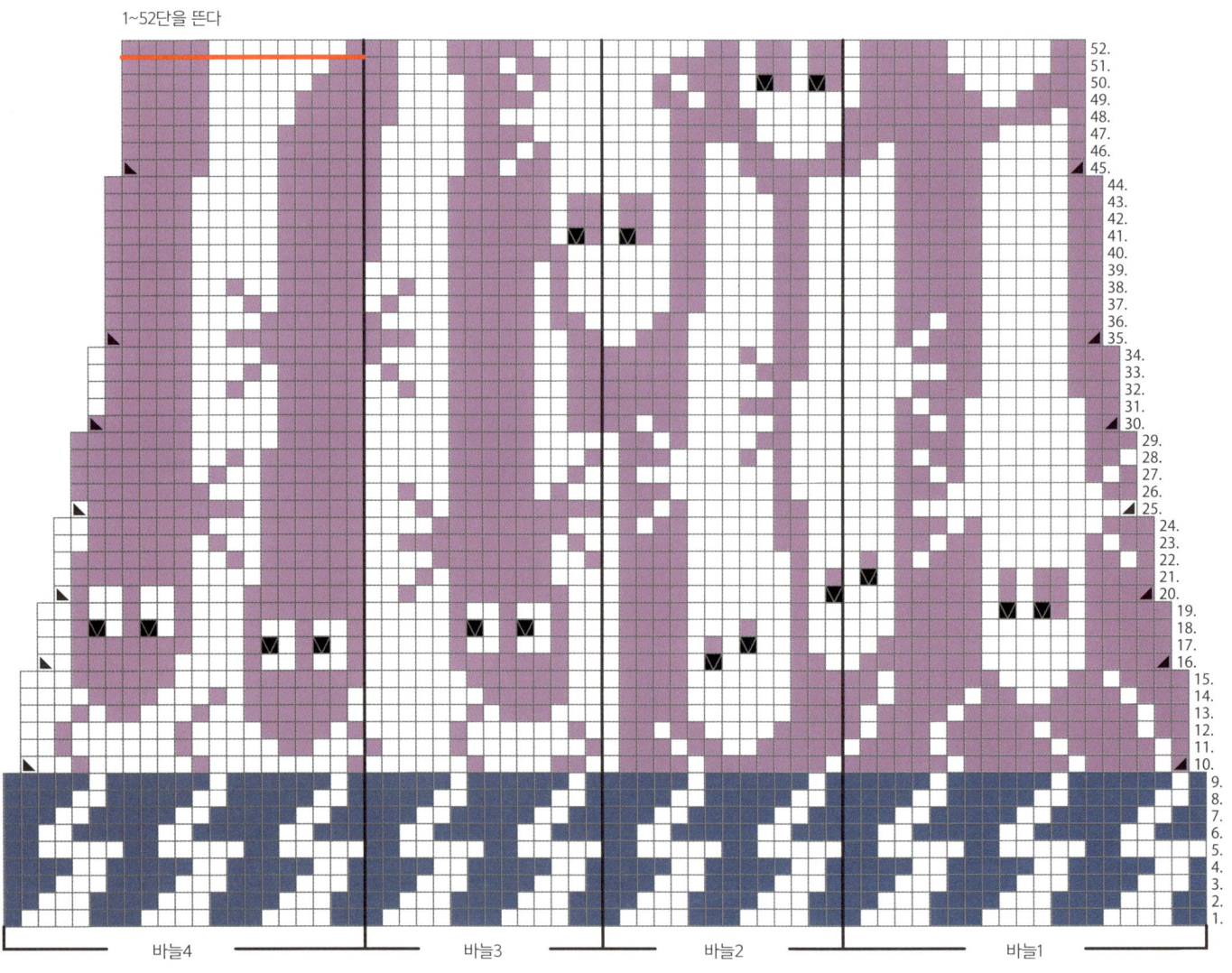

계속해서 무늬도안3의 1단을 참고해 7코 무늬를 8회 반복하며 페어아일 무늬를 뜨기 시작한다. 무늬도안의 2~10단을 뜨고, 양말의 발 부분이 별도의 실로 뜬 곳에서 약 14cm가 될 때까지 혹은 신을 사람의 새끼발가락을 덮을 때까지 1~10단을 반복한다. 계속해서 색상A 실을 사용해서 발끝 코줄임을 시작한다. **주의:** 번개모양이 미완성 상태라면, 발끝 코줄임하면서 완성한다. 색상A 실을 사용해서 발끝의 마지막까지 뜬다.

다음과 같이 헛간지붕 모양 발끝 코줄임한다:
바늘1과 바늘3: 3코 남을 때까지 겉뜨기한다, 왼코줄임, 겉뜨기1.
바늘2와 바늘4: 겉뜨기1, 오른코줄임, 단 끝까지 겉뜨기한다.

앞에서 한 방식대로 총 24코 남을 때까지 2단마다 코줄임한다. 총 8코 남을 때까지 매 단 코줄임한다. 실을 자르고 남은 코 사이로 통과시킨다.

뒤꿈치

조심해서 별도의 실을 제거하고 색상A 실을 사용해서, 구멍의 위와 아래에서 28코씩 줍고 구멍의 양쪽 가장자리에서 추가로 2코씩 줍는다(총 60코). 양쪽 가장자리의 추가로 주운 코 사이에 단코표시링을 걸어 표시한다. 4개의 바늘에 균등하게 코를 나눈다. 단의 시작은 한쪽 가장자리의 단코표시링이 된다. 원통으로 메리야스뜨기 1단 뜬다.

다음과 같이 코줄임을 시작해 뒤꿈치 모양을 만든다:
바늘1과 바늘3: 겉뜨기1, 뒷가닥에 넣어 왼코줄임, 단 끝까지 겉뜨기한다.
바늘2와 바늘4: 3코 남을 때까지 뜬다, 왼코줄임, 겉뜨기1.

무늬도안3
1~10단을 뜬다

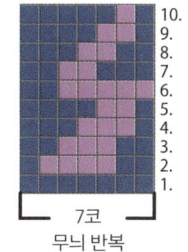

■ =겉뜨기(색상A)
■ =겉뜨기(색상C)

7코 무늬 반복

앞에서 한 방식대로 2단마다 코줄임을 4회 더 하고, 매 단 코줄임을 5회 반복한다(총 20코).

2개의 바늘에 균등하게, 위쪽 바늘에 10코 아래쪽 바늘에 10코 나눈다. 메리야스잇기한다. 온라인에서 이 방법을 보여주는 동영상과 설명을 찾을 수 있다.

두 번째 양말

첫 번째 양말과 동일하게 뜬다.

마무리

실을 정리한다. 조심해서 양말을 적셔서, 평평한 곳에 펼쳐 치수에 맞춰 블로킹한다. 마르도록 둔다. 필요하다면 가볍게 스팀 블로킹한다.

□ =겉뜨기(색상B)
■ =겉뜨기(색상C)
■ =색상D 실을 사용해서 덧수로 수놓는다
— =끼워넣기 뒤꿈치의 위치

무늬도안2

1~16단을 뜬다

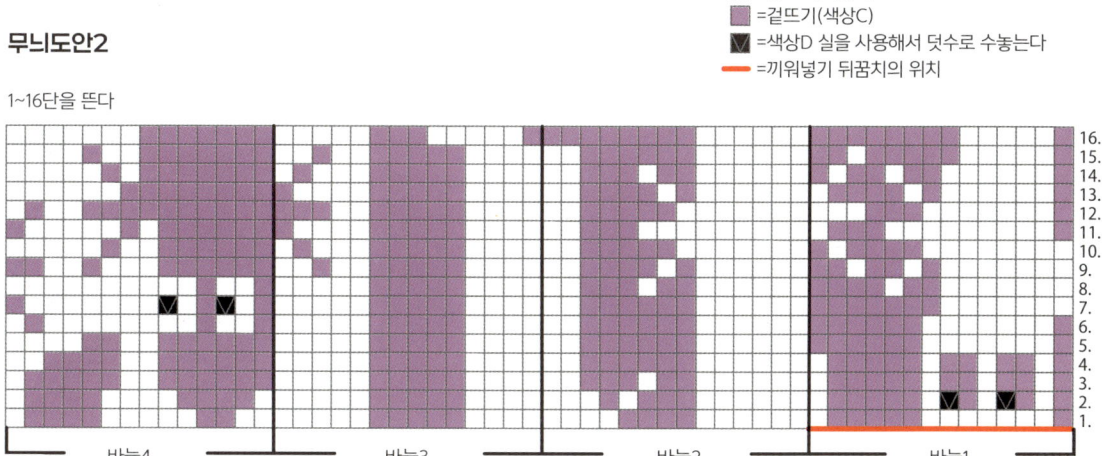

바늘4　　바늘3　　바늘2　　바늘1

여기가 바로 그곳

X MARKS THE SPOT

이 양말에서 무민파파는 등대를 향해 평화롭게 항해하고 있어요. 안개가 자욱한 하늘과 날아오르는 갈매기가 바다의 정취를 더해줍니다. 발목부터 발끝까지 이어지는 재미있는 스트라이프 무늬는 4가지 색상이 번갈아 나오는 셀프 스트라이핑 실로 손쉽게 뜰 수 있습니다.

디자이너 민투 비크베리

사이즈 UK 8, EU 42, US 여성 10½, US 남성 9

실
노비타 무미탈로 DK(8합/라이트 워스티드 굵기) 100g/225m
스노크메이든 507,(색상A 분홍), 그로크 176(색상B 파랑) 각 1볼

노비타 무히하흐모트 DK(8합/라이트 워스티드 굵기) 100g/225m
무민파파 821(색상C) 1볼

실 소요량
색상 A·B 각 50g, 색상C 각 100g

바늘
3mm 장갑바늘 혹은 정확한 게이지를 얻는데 필요한 호수의 바늘

기법
원통으로 고무뜨기:
겉뜨기2, 안뜨기2, *~*를 반복한다.

원통으로 메리야스뜨기:
모든 단 겉뜨기한다.

원통으로 페어아일 뜨기
무늬도안과 지시사항을 따라 메리야스뜨기한다. 4코 이상 걸쳐지는 플로트는 안면에서 실을 꼬아서 늘어지지 않게 잡아준다. 연속된 단에서 같은 위치에 플로트가 떨어지지 않도록 플로트 잡는 위치를 다양하게 할 것.

텐션(게이지) 페어아일 뜨기 25코=10cm

주의
양말은 발목단에서 발끝으로, 위에서 아래로 뜬다.

양말목

색상A 실을 사용해서 60코 만든다. 4개의 바늘에 다음과 같이 코를 나눈다: 바늘1과 바늘3에 각 16코, 바늘2와 바늘4에 각 14코. 단의 시작은 양말 뒤쪽 바늘1과 바늘4 사이에 있다.

코가 꼬이지 않도록 조심하며 원통으로 이어서 고무뜨기로 4cm 뜬다. 원통으로 8단 메리야스뜨기하는데, 마지막 단에서는 바늘2와 바늘4에서 1코씩 코늘림한다(총 62코).

62코 모두를 사용해 무늬도안A의 1단을 참고해서 페어아일 무늬를 뜨기 시작한다. 무늬도안의 2~32단을 뜬다. 색상A 실을 자른다.

색상C 실(셀프 스트라이핑 실)을 연결해서 무늬도안의 33~34단을 뜬다. 주의: 하늘색 네모 칸에서 색상C 실을 시작한다. 무늬도안의 마지막 단을 뜨면서, 바늘1과 바늘3에서 1코씩 코줄임한다(총 60코). 색상B 실을 자르고 색상C 실을 사용해서 양말의 나머지 부분을 뜬다.

뒤꿈치

바늘1의 코를 겉뜨기해 바늘4로 옮기면서 뒤꿈치를 뜨기 시작한다(힐플랩 30코). 바늘2와 바늘3에 남은 코를 쉼코로 둔다. 편물을 뒤집는다. 다음과 같이 걸러뜨기 무늬를 시작해 뒤꿈치를 보강한다:

1단(안면): (실을 편물 앞에 두고) 1코걸러뜨기, 단 끝까지 안뜨기한다. 편물을 뒤집는다.

2단(겉면): *(실을 편물 뒤에 두고) 1코걸러뜨기, 겉뜨기1*, *~*을 단 끝까지 반복한다. 편물을 뒤집는다.

1~2단을 총 15회 반복한 다음 다시 1단을 뜬다(총 31단).

다음과 같이 코줄임을 시작해 뒤꿈치 모양을 만든다:

계속해서 이전과 동일한 걸러뜨기 무늬로 뒤꿈치를 보강한다. 겉면 단에서 시작해서, 왼손 바늘에 11코 남을 때까지 무늬대로 뜬다, 오른코줄임, 편물을 뒤집는다.

안뜨기하듯이 1코걸러뜨기, 왼손 바늘에 11코 남을 때까지 안면에서 8코 안뜨기한다. 안뜨기로 2코모아뜨기, 편물을 뒤집는다.

겉뜨기하듯이 1코걸러뜨기, 왼손 바늘에 10코 남을 때까지 무늬대로 뜬다, 오른코줄임, 편물을 뒤집는다.

■ =겉뜨기(색상A)
■ =겉뜨기(색상B)
■ =겉뜨기(색상C)

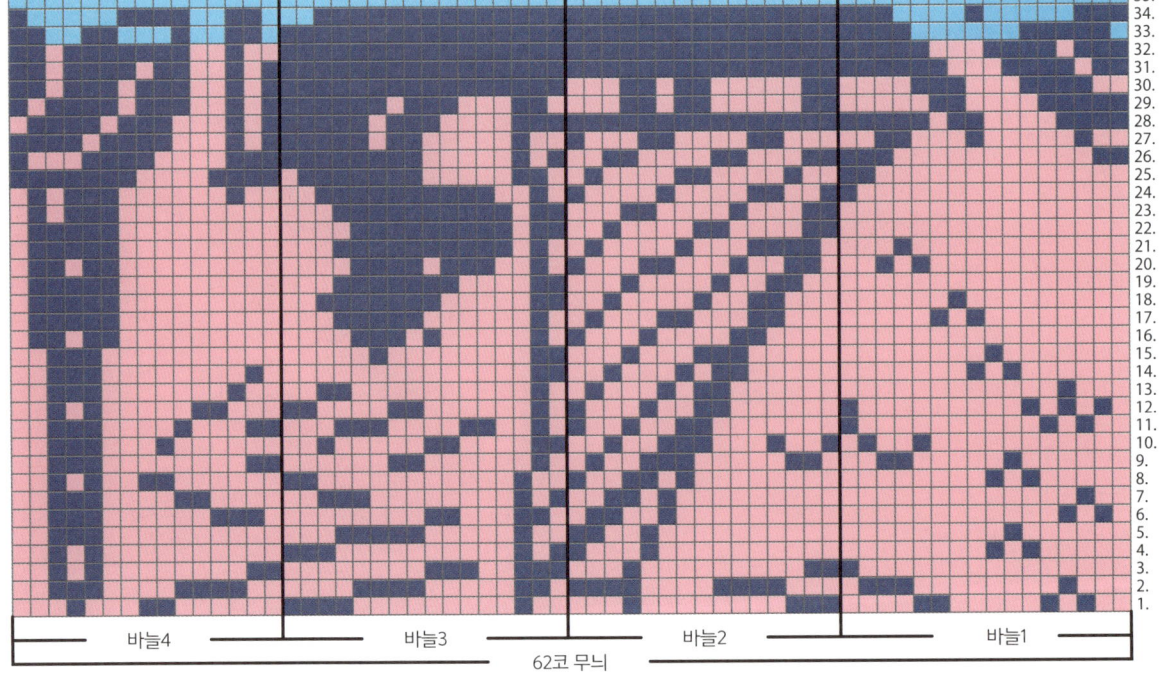

무늬도안A

계속해서 앞에서 한 방식대로 앞뒤로 편물을 뒤집어가며 평뜨기로 작업한다. 즉 단의 첫 번째 코는 항상 걸러뜨기하고, 겉면 단 끝에서는 오른코줄임하고, 안면 단 끝에서는 안뜨기로 2코 모아뜨기한다. 중심에는 항상 10코가 남아 있고 양쪽 끝의 콧수는 매 단 1코씩 줄어든다. 안면 단 끝에서 가장자리 코가 1코뿐일 때가 되면, 겉면에서 겉뜨기로 5코 뜬다. 이 지점(뒷중심)이 이제 단 시작이다.

발

뒤꿈치의 왼쪽 바늘(바늘1)의 5코를 겉뜨기한다. 여분의 바늘을 사용해서, 힐플랩의 왼쪽 가장자리를 따라 15코+힐플랩과 바늘2 사이에서 1코 줍는다. 주운 코를 겉뜨기하면서 바늘 1로 옮기는데, 주운 코의 뒷가닥에 넣어서 겉뜨기한다. 바늘2와 바늘3의 코를 겉뜨기한다. 5코가 있는 바늘을 사용해서, 힐플랩의 오른쪽 가장자리를 따라 15코+힐플랩과 바늘3 사이에서 1코 줍는다. 주운 코와 뒤꿈치 5코를 겉뜨기하면서 바늘4로 옮기는데, 주운 코의 뒷가닥에 넣어서 겉뜨기한다. 이제 총 72코 있다.

계속해서 메리야스뜨기하면서, 다음과 같이 거싯 코줄임한다: 바늘1 끝에서 왼코줄임하고, 바늘4 시작에서 오른코줄임한다. 각 바늘에 15코씩 총 60코 남을 때까지 2단마다 이 코줄임을 반복한다.

계속해서 양말의 발 부분이 약 21cm가 될 때까지 혹은 신을 사람의 새끼발가락을 덮을 때까지 메리야스뜨기한다. 각 바늘의 끝에서 왼코줄임한다(총 56코).

계속해서 메리야스뜨기하면서 다음과 같이 코줄임해 별 모양 발끝을 만들기 시작한다: 각 바늘의 중간과 끝에서 왼코줄임한다. 8코 코줄임했고 이제 총 48코 남았다. 코줄임 없이 5단 뜬 다음 코줄임 단을 반복한다(총 40코). 코줄임 없이 4단 뜬 다음 코줄임 단을 반복한다(총 32코).

계속해서 이런 방식으로, 즉 매 코줄임 단 사이에 평단을 1단씩 적게 뜨면서 코줄임한다. 총 8코 남았을 때, 실을 자르고 남은 코 사이로 통과시킨다. 단단히 잡아당겨 풀리지 않게 매듭짓는다.

두 번째 양말

첫 번째 양말과 동일하게 뜨는데 양말목 부분에서 무늬도안B를 참고한다.

마무리

실을 정리한다. 조심해서 양말을 적셔서, 평평한 곳에 펼쳐 치수에 맞춰 블로킹한다. 마르도록 둔다. 필요하다면 가볍게 스팀 블로킹한다.

무늬도안B 1~35단을 뜬다

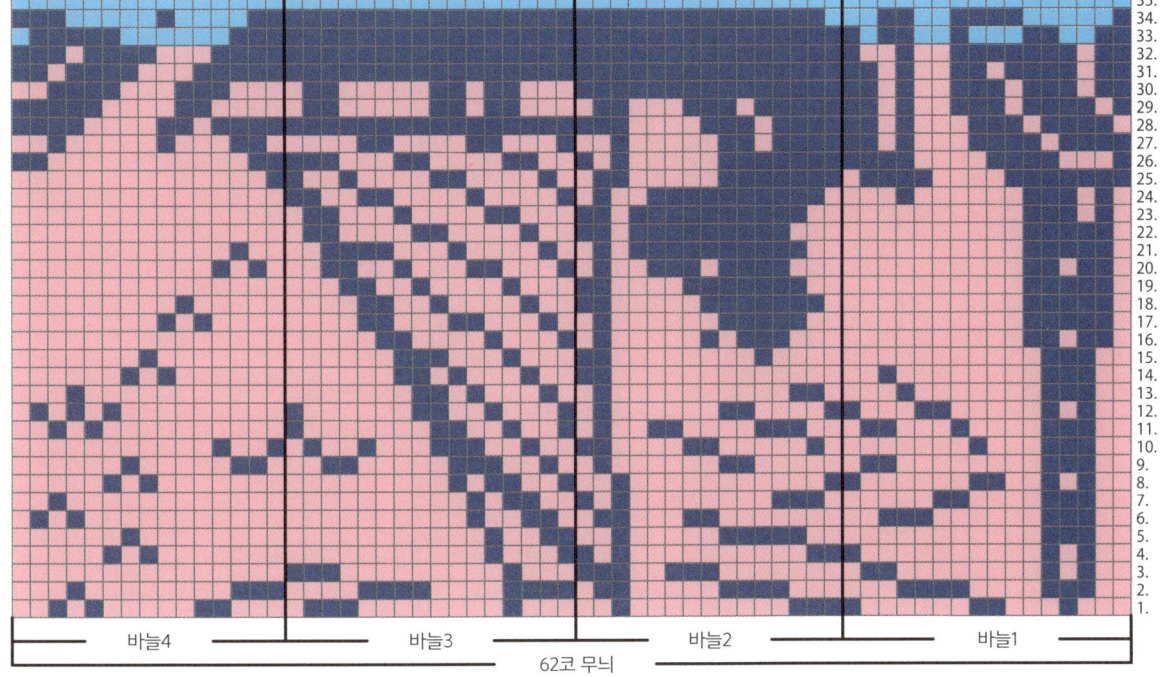

낚시하러 가는 스너프킨
SNUFKIN GOES FISHING

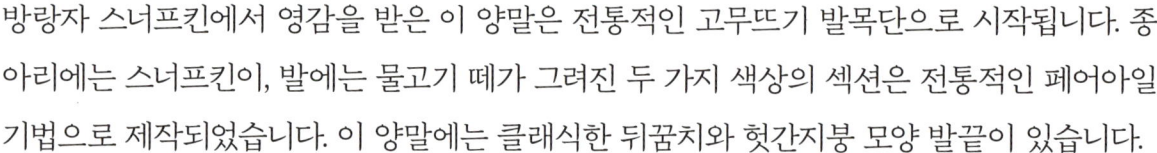

방랑자 스너프킨에서 영감을 받은 이 양말은 전통적인 고무뜨기 발목단으로 시작됩니다. 종아리에는 스너프킨이, 발에는 물고기 떼가 그려진 두 가지 색상의 섹션은 전통적인 페어아일 기법으로 제작되었습니다. 이 양말에는 클래식한 뒤꿈치와 헛간지붕 모양 발끝이 있습니다.

디자이너 소냐 뉘케넨

사이즈 UK 4/5, EU 37/38, US 여성 6½/7½, US 남성 5/6

실
노비타 무미탈로 DK(8합/라이트 워스티드 굵기) 100g/225m
스너프킨 381(색상A 녹색), 무민트롤 007(색상B 흰색) 각 1볼

실 소요량
색상A·B 각 100g

바늘
3mm 장갑바늘 혹은 정확한 게이지를 얻는 데 필요한 호수의 바늘

기법
원통으로 고무뜨기:
겉뜨기2, 안뜨기2, *~*를 반복한다.

원통으로 메리야스뜨기:
모든 단 겉뜨기한다.

원통으로 페어아일 뜨기
무늬도안과 지시사항을 따라 메리야스뜨기한다. 3코 이상 걸쳐지는 플로트는 안면에서 실을 꼬아서 늘어지지 않게 잡아준다. 연속된 단에서 같은 위치에 플로트가 떨어지지 않도록 플로트 잡는 위치를 다양하게 할 것.

텐션(게이지) 페어아일 뜨기 25코=10cm

주의
양말은 발목단에서 발끝으로, 위에서 아래로 뜬다.

양말목

색상B 실을 사용해서 60코 만든다. 4개의 바늘에 다음과 같이 코를 나눈다: 바늘1과 바늘3에 16코씩, 바늘2와 바늘4에 14코씩. 단의 시작은 양말 뒤쪽 바늘1과 바늘4 사이에 있다.

코가 꼬이지 않도록 조심하며 원통으로 이어서 고무뜨기로 6cm 뜬다. 겉뜨기로 1단 뜨는데, 단 전체에 고르게 분배해 4코 코늘림한다(총 64코). 각 바늘에 16코씩 균등하게 나눈다.

무늬도안1의 1단을 참고해서 16코 무늬를 4회 반복하며 페어아일 무늬를 뜨기 시작한다. 무늬도안의 2~36단을 뜬다.

계속해서 색상A 실을 사용해 작업한다. 겉뜨기로 1단 뜨는데, 단 전체에 고르게 분배해 4코 코줄임한다(총 60코).

원통으로 약 5cm 고무뜨기한다. 고무뜨기 마지막 단에서 단 전체에 고르게 분배해 4코 코줄임한다(총 56코).

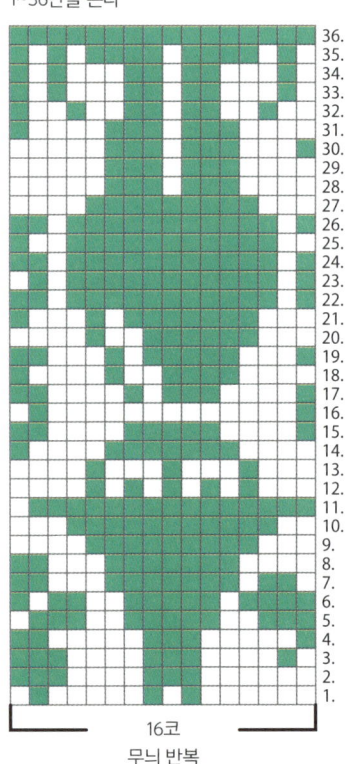

무늬도안1
1~36단을 뜬다
16코 무늬 반복

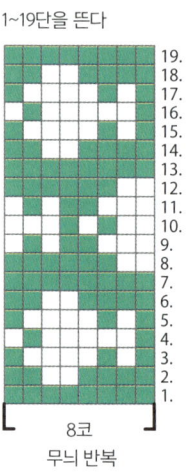

무늬도안2
1~19단을 뜬다
8코 무늬 반복

☐ =겉뜨기(색상B)
■ =겉뜨기(색상A)

뒤꿈치

바늘1의 코를 겉뜨기해 바늘4로 옮기며 뒤꿈치를 만들기 시작한다(힐플랩 28코). 바늘2와 바늘3에 남은 코를 쉼코로 둔다. 편물을 뒤집는다. 겉뜨기2, 안뜨기24, 겉뜨기2. 편물을 뒤집는다. 다음과 같이 가장자리는 가터뜨기로 뜨고 걸러뜨기를 시작해 뒤꿈치를 보강한다:

1단(겉면): 겉뜨기2, *(실을 편물 뒤에 두고) 1코걸러뜨기, 겉뜨기1*, 2코 남을 때까지 *~*를 반복한다, 겉뜨기2. 편물을 뒤집는다.

2단(안면): 겉뜨기2, 2코 남을 때까지 안뜨기한다, 겉뜨기2. 편물을 뒤집는다.

1~2단을 총 14회 반복한다(총 28단).

코줄임을 시작해 뒤꿈치 모양을 만든다. 계속해서 동일한 걸러뜨기 무늬로 뒤꿈치를 보강한다. 겉면 단에서 시작해, 왼손 바늘에 10코 남을 때까지 무늬대로 뜬다, 오른코줄임, 편물을 뒤집는다.

안뜨기하듯이 1코걸러뜨기, 왼손 바늘에 10코 남을 때까지 안면에서 8코 안뜨기한다, 안뜨기로 2코모아뜨기, 편물을 뒤집는다.

주의: 단이 짧아져서 이제 가장자리를 뜰 가터뜨기 코가 없다. 겉면 단에서 시작해, 겉뜨기하듯이 1코걸러뜨기, 왼손 바늘에 9코 남을 때까지 무늬대로 뜬다, 오른코줄임, 편물을 뒤집는다.

계속해서 앞에서 한 방식대로 앞뒤로 편물을 뒤집어가며 평뜨기로 작업한다. 즉, 단의 첫 번째 코는 항상 걸러뜨기하고, 겉면 단 끝에서는 오른코줄임하고, 안면 단 끝에서는 안뜨기로 2코모아뜨기한다. 중심에는 항상 10코가 남아 있고 양쪽 가장자리의 콧수는 매 단 1코씩 줄어든다. 안면 단에서 중심 양옆의 코가 모두 소진되어 코줄임이 끝나면, 겉면에서 겉뜨기로 5코 뜬다. 이 지점(뒷중심)이 이제 단 시작이다.

발

뒤꿈치의 왼쪽 바늘(바늘1)에서 5코 겉뜨기한다. 여분의 바늘을 사용해서 힐플랩의 왼쪽 가장자리에서 14코+힐플랩과 바늘2 사이에서 1코 줍는다. 힐플랩 가장자리에서 주운 코를 겉뜨기해 바늘1로 옮기는데, 주운 코의 뒷가닥에 넣어 겉뜨기한다. 바늘2와 바늘3의 코를 겉뜨기한다. 5코가 있는 바늘을 사용해서, 힐플랩 오른쪽 가장자리에서 14코+힐플랩과 바늘3 사이에서 1코 줍는다.

주운 코와 뒤꿈치의 5코를 겉뜨기해 바늘4로 옮기는데, 주운 코의 뒷가닥에 넣어 겉뜨기한다. 이제 총 68코 있다.

계속해서 메리야스뜨기하면서 다음과 같이 거짓 코줄임한다: 바늘1 끝에서 왼코줄임하고 바늘4 시작에서 오른코줄임한다. 총 56코 남을 때까지 2단마다 이 코줄임을 반복한다

이제 무늬도안2의 1단을 참고해서 8코 무늬를 7회 반복하며 페어아일 무늬를 뜨기 시작한다. 무늬도안의 2~19단을 뜬다.

색상A 실을 사용해서 약 3cm 혹은 신을 사람의 새끼발가락을 덮을 때까지 메리야스뜨기한다.

계속해서 메리야스뜨기하면서 다음과 같이 코줄임해 헛간지붕 모양 발끝을 만들기 시작한다:
바늘1과 바늘3: 3코 남을 때까지 겉뜨기한다, 왼코줄임, 겉뜨기1.
바늘2와 바늘4: 겉뜨기1, 오른코줄임, 단 끝까지 겉뜨기한다.

앞에서 한 방식대로 총 32코 남을 때까지 2단마다 코줄임하고 총 8코 남을 때까지 매 단 코줄임한다. 실을 자르고 남은 코 사이로 통과시킨다.

두 번째 양말
첫 번째 양말과 동일한 방법으로 뜬다.

마무리
실을 정리한다. 조심해서 양말을 적셔서, 평평한 곳에 펼쳐 치수에 맞춰 블로킹한다. 마르도록 둔다. 필요하다면 가볍게 스팀 블로킹한다.

낮잠 시간
ZZZZ... TIME FOR A SNOOZE

꽃밭에서 졸고 있는 스노크메이든에게 영감을 받아 디자인한 귀여운 양말입니다. 아동용을 포함해 세 가지 사이즈가 제공됩니다. 스노크메이든은 인타시어로 작업하고 디테일은 나중에 자수를 놓았습니다. 이 짧은 양말의 발목단은 꼬아고무뜨기로 작업했고, 뒤꿈치가 보강되었으며, 헛간지붕 모양 발끝으로 마무리됩니다.

디자이너 시스코 셀페키비

사이즈 UK 아동 11½(13:UK 성인 2), EU 30(32:34), US 아동 12(13½:US 여성 4, US 남성 2½)

실
노비타 무미탈로 DK(8합/라이트 워스티드 굵기) 100g/225m
스노크 152(색상A 하늘색), 스너프킨 381(색상B 녹색), 무민트롤 007(색상C 흰색) 각 1볼
수놓을 때 사용할 미플 229(색상D 노랑), 필리용크 599(색상E 빨강), 스노크메이든 507(색상F 분홍), 스팅키(색상G 검정) 소량

실 소요량
모든 사이즈에서 색상A·B·C 각 50g

바늘
3mm 장갑바늘 / 정확한 게이지를 얻는 데 필요한 호수의 바늘

기법
원통으로 꼬아고무뜨기:
뒷가닥에 넣어 겉뜨기1, 안뜨기1, *~*을 반복한다.

원통으로 메리야스뜨기:
모든 단 겉뜨기한다.

원통으로 인타시어뜨기:
지시사항을 따라 겉면에서 겉뜨기하고 안면에서 안뜨기한다. 각 색상 섹션마다 각각 다른 타래의 실을 사용한다. 다른 색상의 실이 만나는 부분의 편물 안면에서 실을 서로 꼬아 구멍이 생기지 않게 한다.

텐션(게이지) 메리야스뜨기 25코=10cm

주의
양말은 발목단에서 발끝으로, 위에서 아래로 뜬다. 원통으로 인타시어 기법을 사용해 스노크메이든과 배경을 작업한다. 디테일은 지시사항을 따라 양말을 뜬 후 수놓는다. 대안으로 양말 목 부분은 인타시어 기법을 사용해서 평뜨기로 작업할 수도 있다. 이 경우 시접으로 쓸 수 있게 양쪽 가장자리에 1코씩 코늘림하고 뒤꿈치를 뜨기 전에 늘린 코를 코줄임한다.

왼쪽 양말

색상A 실을 사용해서 50(52:54)코 만든다. 4개의 바늘에 다음과 같이 코를 나눈다: 바늘1에 13(13:14)코, 바늘2에 12(13:13)코, 바늘3에 12(13:13)코, 바늘4에 13(13:14)코. 단의 시작은 양말 뒤쪽 바늘1과 바늘4 사이에 있다.

코가 꼬이지 않도록 조심하며 원통으로 잇는다. 고무뜨기로 2.5cm 뜨고 메리야스뜨기로 4단 뜬다.

50(52:54)코 모두를 사용해 무늬도안1의 5단을 참고해서 원통으로 인타시어 뜨기를 시작한다: *편물을 뒤집는다, 바늘비우기, 무늬도안 다음 단을 안뜨기한다. 단 끝에서 마지막 코와 단 시작의 바늘비우기 코를 함께 안뜨기한다. 편물을 뒤집는다, 바늘비우기, 무늬도안의 다음 단을 겉뜨기한다. 단 시작의 바늘비우기 코와 마지막 코를 오른코줄임 기법으로 함께 뜬다.*, *~*를 반복하며 무늬도안 29단까지 뜬다.

주의: 무늬도안의 21단에서 다음과 같이 코줄임한다: 단 시작에서 바늘비우기, 왼코줄임, 3코 남을 때까지 뜬다, 오른코줄임, 마지막 코와 단 시작의 바늘비우기 코를 오른코줄임 기법으로 함께 뜬다.

색상B 실을 사용해서 원통으로 7단 메리야스뜨기한다(무늬도안 30~36단).

무늬도안을 완성하면 총 48(50:52)코가 된다.

작은 사이즈와 큰 사이즈는 각 바늘에 균등하게 코를 나누고, 중간 사이즈는 다음과 같이 코를 나눈다: 13+12+12+13코.

뒤꿈치

색상B 실을 사용해서 뒤꿈치를 뜬다.

바늘1의 코를 겉뜨기해 바늘4로 옮기며 뒤꿈치를 만들기 시작한다. 중간 사이즈는 2코를 단 전체에 고르게 분배해 코줄임한다(힐플랩 24(24:26)코). 바늘2와 바늘3에 남은 코를 쉼코로

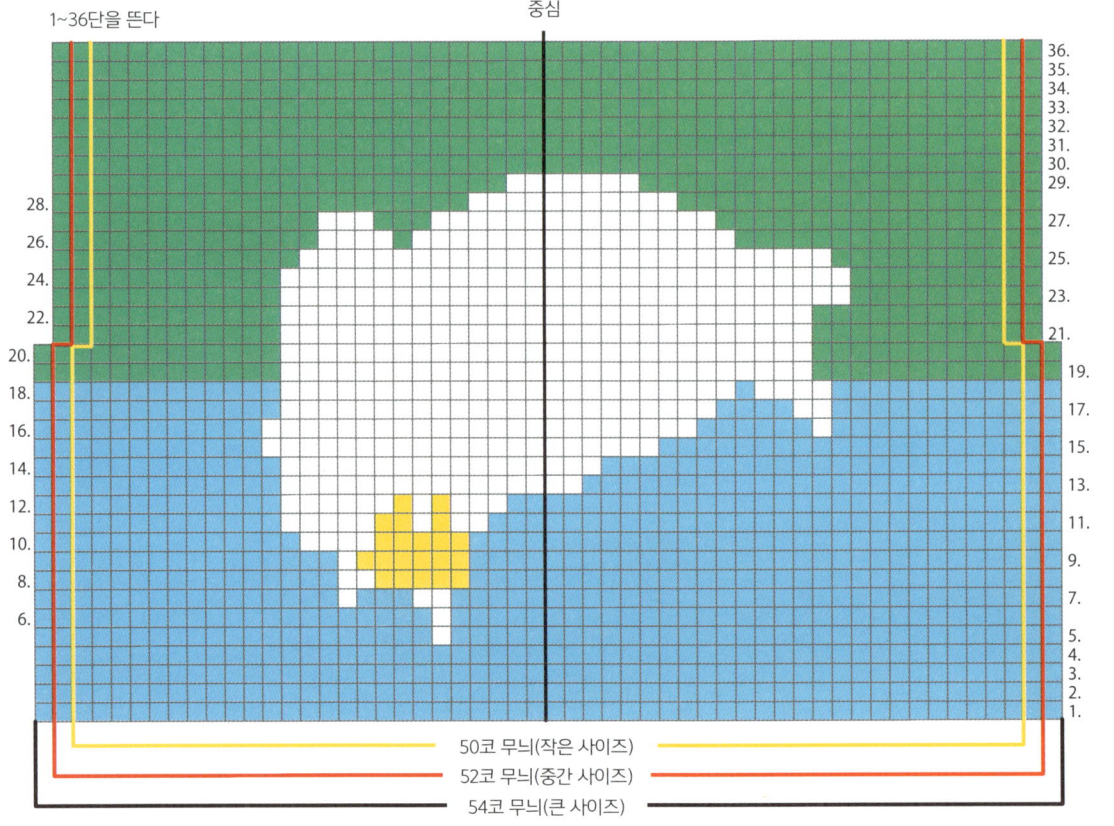

둔다. 편물을 뒤집는다. 다음과 같이 걸러뜨기 무늬로 뒤꿈치를 보강한다:

1단(안면): (실을 편물 앞에 두고) 1코걸러뜨기, 단 끝까지 안뜨기한다. 편물을 뒤집는다.

2단(겉면): *(실을 편물 뒤에 두고) 1코걸러뜨기, 겉뜨기1*, *~*을 단 끝까지 반복한다. 편물을 뒤집는다.

1~2단을 총 12(12:13)회 반복하고 다시 1단을 뜬다[총 25(25:27)단].

다음과 같이 코줄임을 시작해 뒤꿈치 모양을 만든다:
계속해서 이전과 동일한 걸러뜨기 무늬로 뒤꿈치를 보강한다. 겉면 단에서 시작해, 왼손 바늘에 9(9:10)코 남을 때까지 무늬대로 뜬다, 오른코줄임, 편물을 뒤집는다.

안뜨기하듯이 1코걸러뜨기, 왼손 바늘에 9(9:10)코 남을 때까지 안면에서 6코 안뜨기한다. 안뜨기로 2코모아뜨기, 편물을 뒤집는다.

겉뜨기하듯이 1코걸러뜨기, 왼손 바늘에 8(8:9)코 남을 때까지 무늬대로 뜬다, 오른코줄임, 편물을 뒤집는다.

계속해서 앞에서 한 방식대로 앞뒤로 편물을 뒤집어가며 평뜨기로 작업한다. 즉 단의 첫 번째 코는 항상 걸러뜨기하고, 겉면 단 끝에서는 오른코줄임하고, 안면 단 끝에서는 안뜨기로 2코모아뜨기한다. 중심에는 항상 8코가 남아 있고 양쪽 가장자리의 콧수는 매 단 1코씩 줄어든다. 안면 단에서 중심 양옆의 코가 모두 소진되어 코줄임이 끝나면, 겉면에서 겉뜨기로 4코 뜬다. 이 지점(뒷중심)이 이제 단 시작이다. 색상B 실을 자른다.

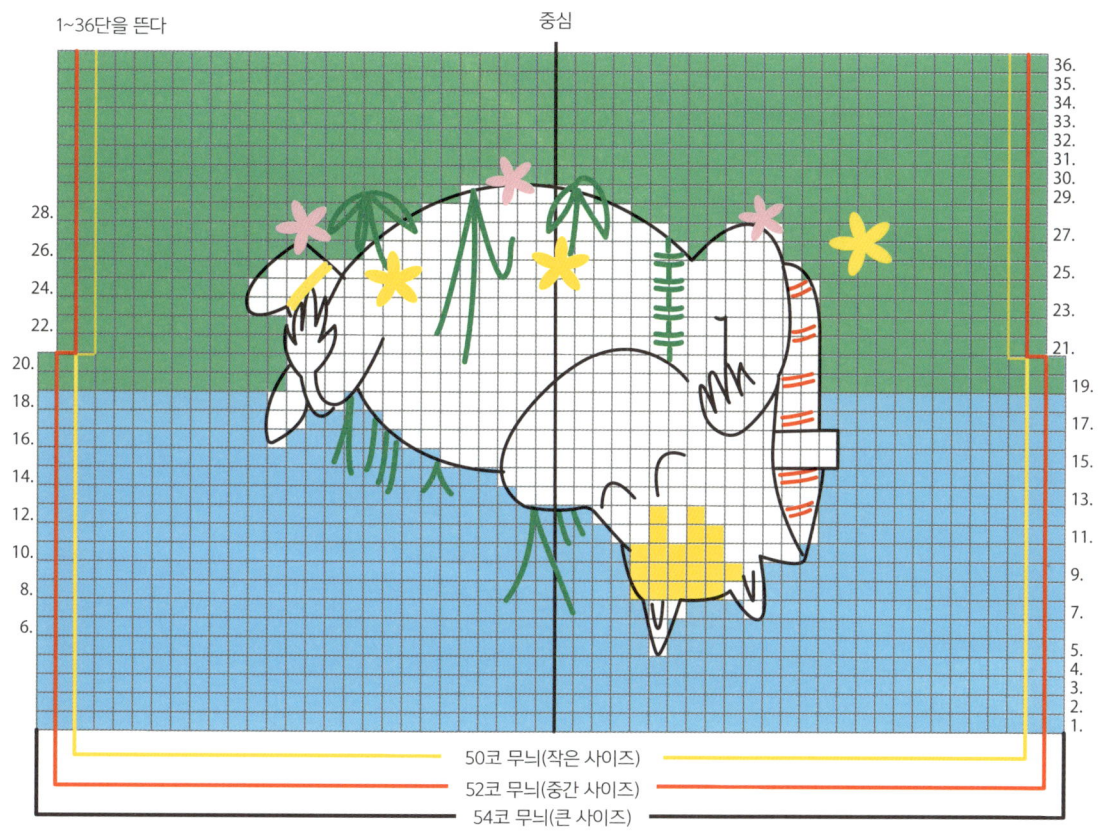

무늬도안2

발

색상C 실을 사용해서 뒤꿈치의 왼쪽 바늘(바늘1)의 4코 겉뜨기한다. 여분의 바늘을 사용해서, 힐플랩의 왼쪽 가장자리를 따라 12(12:13)코+힐플랩과 바늘2 사이에서 1코 줍는다. 주운 코를 겉뜨기하면서 바늘 1로 옮기는데, 주운 코의 뒷가닥에 넣어서 겉뜨기한다. 바늘2와 바늘3의 코를 겉뜨기한다. 4코가 있는 바늘을 사용해서, 힐플랩의 오른쪽 가장자리를 따라 12(12:13)코+힐플랩과 바늘3 사이에서 1코 줍는다. 주운 코와 뒤꿈치의 4코를 겉뜨기해 바늘4로 옮기는데, 주운 코의 뒷가닥에 넣어서 겉뜨기한다. 이제 총58(58:62)코 있다.

계속해서 메리야스뜨기하면서, 다음과 같이 거짓 코줄임한다: 바늘1 끝에서 왼코줄임하고, 바늘4 시작에서 오른코줄임한다. 바늘에 총 48(50:52)코 남을 때까지 2단마다 이 코줄임을 반복한다. 작은 사이즈와 큰 사이즈는 각 바늘에 균등하게 코를 나누고, 중간 사이즈는 다음과 같이 코를 나눈다: 13+12+12+13코.

계속해서 발 부분이 약 15(16:17)cm가 될 때까지 혹은 신을 사람의 새끼발가락을 덮을 때까지 메리야스뜨기한다.
중간 사이즈는 겉뜨기로 1단 더 뜨는데, 바늘1과 바늘4에서 1코씩 코줄임한다(총 48코). 각 바늘에 균등하게 코를 나눈다.

계속해서 색상B 실을 사용해서 메리야스뜨기하면서 다음과 같이 코줄임해 헛간지붕 모양 발끝을 작업한다:
바늘1과 바늘3: 3코 남을 때까지 겉뜨기한다, 왼코줄임, 겉뜨기1.
바늘2와 바늘4: 겉뜨기1, 오른코줄임, 단 끝까지 겉뜨기한다.

앞에서 한 방식대로 총 24코 남을 때까지 2단마다 코줄임한다. 총 8코 남을 때까지 매 단 코줄임한다. 실을 자르고 남은 코 사이로 통과시킨다.

오른쪽 양말

왼쪽 양말과 동일하게 뜨는데 양말목 부분을 무늬도안2를 참고해서 대칭되게 뜬다.

마무리

무늬도안2를 참고해서 디테일을 수놓는다. 스노크메이든 주위의 검은색 윤곽선과 풀을 백 스티치로 수놓는다. 꽃을 레이지 데이지 스티치로 수놓고, 베개의 줄무늬, 스노크메이든의 발찌, 팔 아래의 나뭇잎을 스트레이트 스티치를 두 줄로 평행하게 수놓는다. 원한다면 양말목의 뒷부분에도 꽃을 더할 수 있다.

실을 정리한다. 조심해서 양말을 적셔서, 평평한 곳에 펼쳐 치수에 맞춰 블로킹한다. 마르도록 둔다. 필요하다면 가볍게 스팀 블로킹한다.

공기는 꽃향기로
달콤했습니다.
《마법사가 잃어버린 모자》

당신을 위한 양말
A SOCK FOR YOU

나만의 무민 양말을 만들어보세요! 지시사항 뒤에 수록된 알파벳 도안에서 나만의 이니셜을 선택해 무민 골짜기의 캐릭터와 결합할 수 있어요. 전통적인 페어아일 기법으로 뜨는 이 양말은 긴 플로트 없이 쉽게 뜨개질할 수 있습니다.

디자이너 민나 메트세넨Minna Metsänen

사이즈 UK 5/6, EU 38/39, US 여성 7½/8½, US 남성 6/7

실
노비타 무미탈로 DK(8합/라이트 워스티드 굵기) 100g/225m 스노크메이든 507(색상A 분홍) 1볼, 수놓을 때 사용할 스팅키 099(색상B 검정) 소량

노비타 후비레트키 DK(8합/라이트 워스티드 굵기) 50g/112m 비치 652(색상C 갈색) 1볼

실 소요량
색상A 100g, 색상C 50g

바늘
3mm 장갑바늘 혹은 정확한 게이지를 얻는 데 필요한 호수의 바늘

기법
원통으로 *꼬아고무뜨기*:
뒷가닥에 넣어 겉뜨기1, 안뜨기1, *~*을 반복한다.

원통으로 *메리야스뜨기*:
모든 단 겉뜨기한다.

페어아일 뜨기
무늬도안과 지시사항을 따라 메리야스뜨기한다. 4코 이상 걸쳐지는 플로트는 안면에서 실을 꼬아서 늘어지지 않게 잡아준다. 연속된 단에서 같은 위치에 플로트가 떨어지지 않도록 플로트 잡는 위치를 다양하게 할 것.

텐션(게이지) 페어아일 뜨기 25코=10cm

주의
N 대신에, 162~165쪽의 템플릿에서 원하는 대로 어떤 글자든 고를 수 있다. 도안의 글자 위쪽이 양말 위쪽이 되게 도안을 거꾸로 봐야 한다. 글자 주위의 무늬를 이루는 코는 무늬도안과 동일하게 진행한다.

양말목

색상A 실을 사용해서 64코 만든다. 4개의 바늘에 16코씩 균등하게 코를 나눈다. 단의 시작은 양말 뒤쪽 바늘1과 바늘4 사이에 있다.

코가 꼬이지 않도록 조심하며 원통으로 잇는다. 고무뜨기로 3cm 뜨고 메리야스뜨기로 2단 뜬다.

64코 모두를 사용해 무늬도안1A의 1단을 참고해서 페어아일 무늬 뜨기를 시작한다. 무늬도안의 2~37단을 뜬다. 색상C 실을 자른다.

색상A 실을 사용해서 2단 겉뜨기하고 바늘1과 바늘2의 코를 겉뜨기한다.

뒤꿈치

바늘4의 코를 겉뜨기해 바늘3으로 옮기면서 뒤꿈치를 뜨기 시작하는데, 4코를 단 전체에 고르게 분배해 코줄임한다(힐플랩 28코). 바늘1과 바늘2에 남은 코를 쉼코로 둔다. 편물을 뒤집는다. 힐플랩 코를 안뜨기한다.

편물을 뒤집는다. 다음과 같이 걸러뜨기 무늬로 뒤꿈치를 보강한다:

1단(겉면): *(실을 편물 앞에 두고) 1코걸러뜨기, 겉뜨기1*, *~*을 단 끝까지 반복한다. 편물을 뒤집는다.
2단(안면): (실을 편물 뒤에 두고) 1코걸러뜨기, 단 끝까지 안뜨기한다. 편물을 뒤집는다.
1~2단을 총 14회 반복한다(총 28단).

다음과 같이 코줄임을 시작해 뒤꿈치 모양을 만든다:
계속해서 이전과 동일한 걸러뜨기 무늬로 뒤꿈치를 보강한다. 겉면 단에서 시작해서, 왼손 바늘에 10코 남을 때까지 무늬대로 뜬다, 오른코줄임, 편물을 뒤집는다.
안뜨기하듯이 1코걸러뜨기, 왼손 바늘에 10코 남을 때까지 안면에서 8코 안뜨기한다. 안뜨기로 2코모아뜨기, 편물을 뒤집는다.

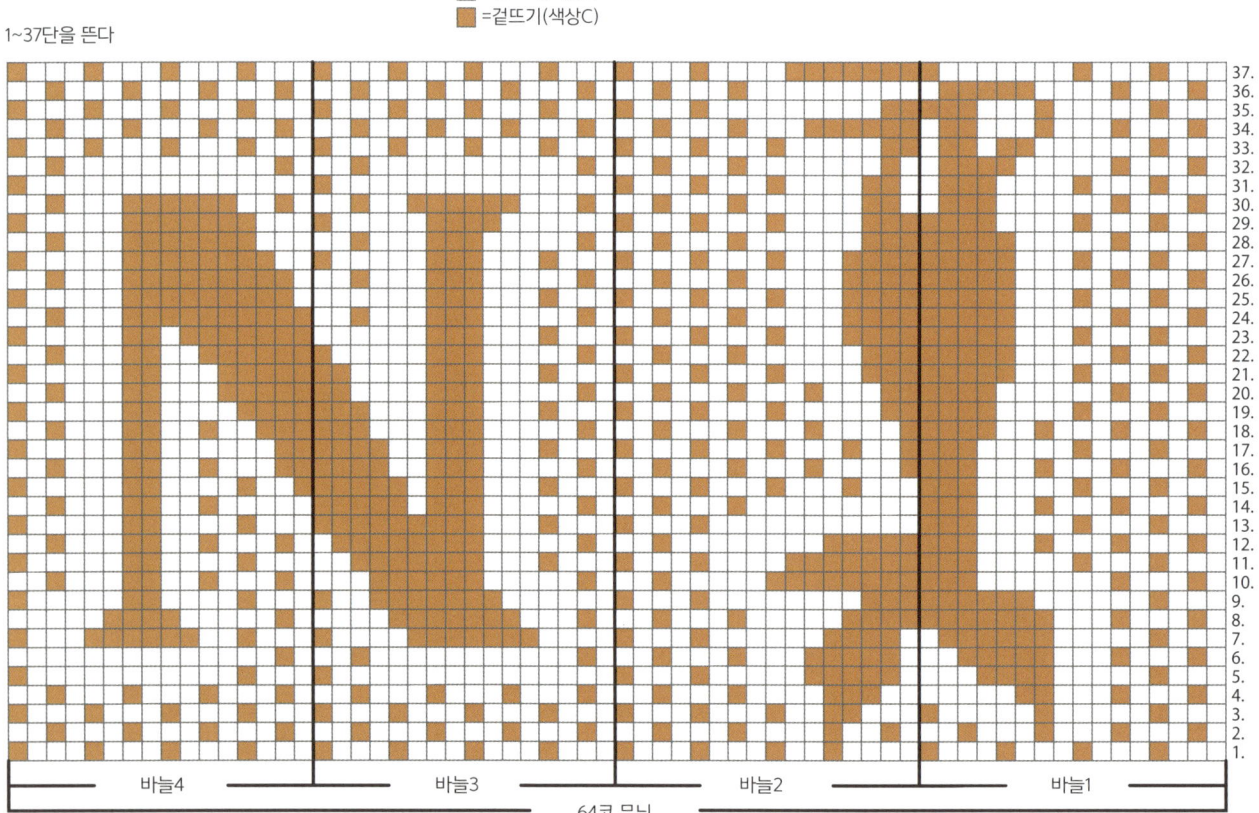

무늬도안1A

1~37단을 뜬다

□ =겉뜨기(색상A)
■ =겉뜨기(색상C)

바늘4 | 바늘3 | 바늘2 | 바늘1
64코 무늬

겉뜨기하듯이 1코걸러뜨기, 왼손 바늘에 9코 남을 때까지 무늬대로 뜬다, 오른코줄임, 편물을 뒤집는다.

계속해서 앞에서 한 방식대로 앞뒤로 편물을 뒤집어가며 평뜨기로 작업한다. 즉 단의 첫 번째 코는 항상 걸러뜨기하고, 겉면 단 끝에서는 오른코줄임하고, 안면 단 끝에서는 안뜨기로 2코모아뜨기한다. 중심에는 항상 10코가 남아 있고 양쪽 가장자리의 콧수는 매 단 1코씩 줄어든다. 안면 단에서 중심 양옆의 코가 모두 소진되어 코줄임이 끝나면, 겉면에서 겉뜨기로 5코 뜬다. 이 지점(뒷중심)이 이제 단 시작이다(현재의 바늘4와 바늘1 사이).

발

뒤꿈치의 왼쪽 바늘의 5코 겉뜨기한다(이제 이것이 바늘1이다). 여분의 바늘을 사용해서 힐플랩의 왼쪽 가장자리에서 14코+힐플랩과 바늘2 사이에서 1코 줍는다. 힐플랩 가장자리에서 주운 코를 겉뜨기해 바늘1로 옮기는데, 주운 코의 뒷가닥에 넣어 겉뜨기한다. 바늘2와 바늘3의 코를 겉뜨기한다. 5코가 있는 바늘을 사용해서, 힐플랩 오른쪽 가장자리에서 14코+힐플랩과 바늘3 사이에서 1코 줍는다. 주운 코와 뒤꿈치의 5코를 겉뜨기해 바늘4로 옮기는데, 주운 코의 뒷가닥에 넣어 겉뜨기한다. 이제 총 72코 있다.

무늬도안2의 1단을 참고해서 페어아일 무늬를 뜨기 시작한다: 바늘1의 16코를 무늬도안을 참고해서 뜨는데, 마지막 4코는 도안과 달리 모두 색상A 실로 뜬다, 바늘2와 바늘3의 코를 무늬도안을 참고해서 뜬다, 바늘4의 시작 4코는 도안과 달리 모두 색상A 실로 뜬다, 무늬도안을 참고해서 16코를 뜬다. 계속해서 모두 코줄임할 때까지 바늘1 마지막과 바늘4의 시작에서 '추가'로 주운 코는 색상A 실을 사용해서 뜬다.

무늬도안2의 2단에서 시작해서 다음과 같이 거짓 코줄임한다: 바늘1 끝에서 왼코줄임하고, 바늘4 시작에서 오른코줄임한다. 계속해서 무늬도안 단을 순서대로 뜨고 각 바늘에 16코(총 64코) 남을 때까지 2단마다 코줄임을 반복한다.

무늬도안1B

1~37단을 뜬다

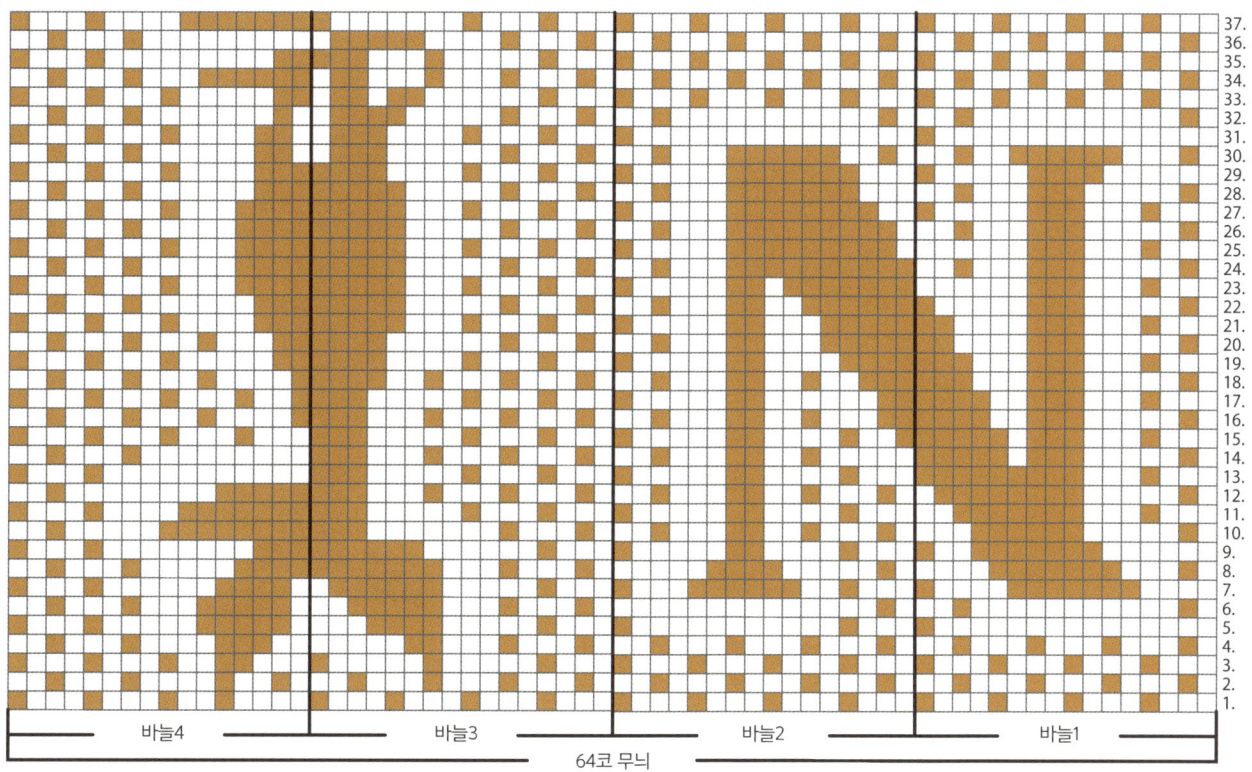

무늬도안 끝까지 뜬다. 36~37단을 양말의 발 부분이 약 19cm가 될 때까지 혹은 신을 사람의 새끼발가락을 완전히 덮을 때까지 반복한다. 색상C 실을 자른다. 색상A 실을 사용해서 겉뜨기로 1단 뜨는데, 단 전체에 고르게 분배해 8코 코줄임한다(각 바늘에 14코씩 총 56코).

계속해서 메리야스뜨기하고 다음과 같이 헛간지붕 모양 발끝 코줄임한다:
바늘1과 바늘3: 3코 남을 때까지 겉뜨기한다, 왼코줄임, 겉뜨기1.
바늘2와 바늘4: 겉뜨기1, 오른코줄임, 단 끝까지 겉뜨기한다.

앞에서 한 방식대로 총 24코 남을 때까지 2단마다 코줄임한다. 총 8코 남을 때까지 매 단 코줄임한다. 실을 자르고 남은 코 사이로 통과시킨다.

두 번째 양말
첫 번째 양말과 동일한 방법으로 뜨는데 양말목 부분에서는 무늬도안1B를 참고해서 페어아일 무늬를 뜬다.

마무리
무늬도안3을 참고해서 디테일을 수놓는다. 색상B 실을 두 가닥으로 나눠 스니프의 윤곽선과 그 밖의 선들을 짧은 백 스티치로 수놓는다. 색상B 실을 사용해서 프렌치노트 스티치로 눈과 코를 수놓는다.

실을 정리한다. 조심해서 양말을 적셔서, 평평한 곳에 펼쳐 치수에 맞춰 블로킹한다. 마르도록 둔다. 필요하다면 가볍게 스팀 블로킹한다.

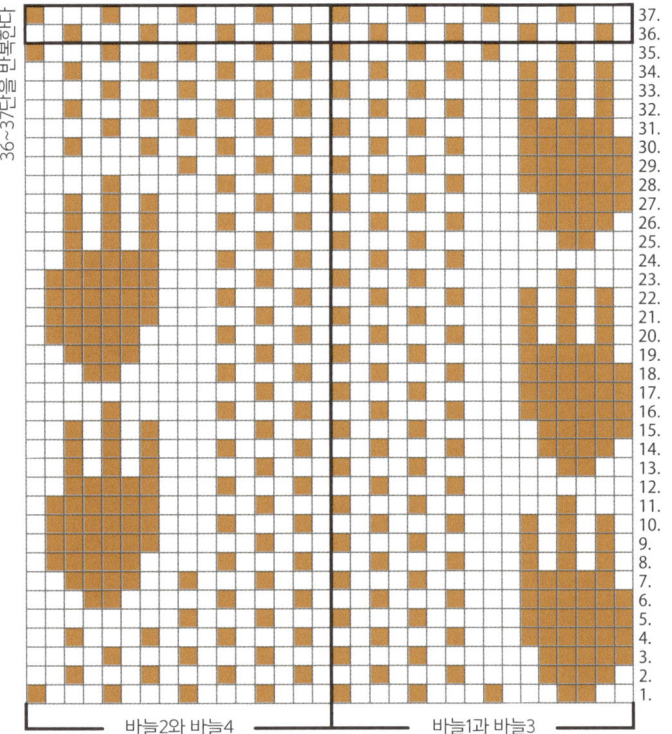

무늬도안2

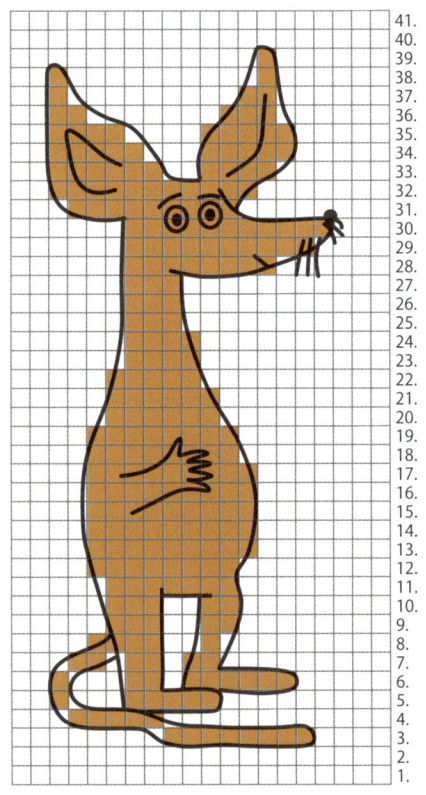

무늬도안3

"내가 그랬어요."
스니프가 소리쳤다.
"그러니 나한테 고마워해도 돼요!"
《마법사가 잃어버린 모자》

알파벳 템플릿

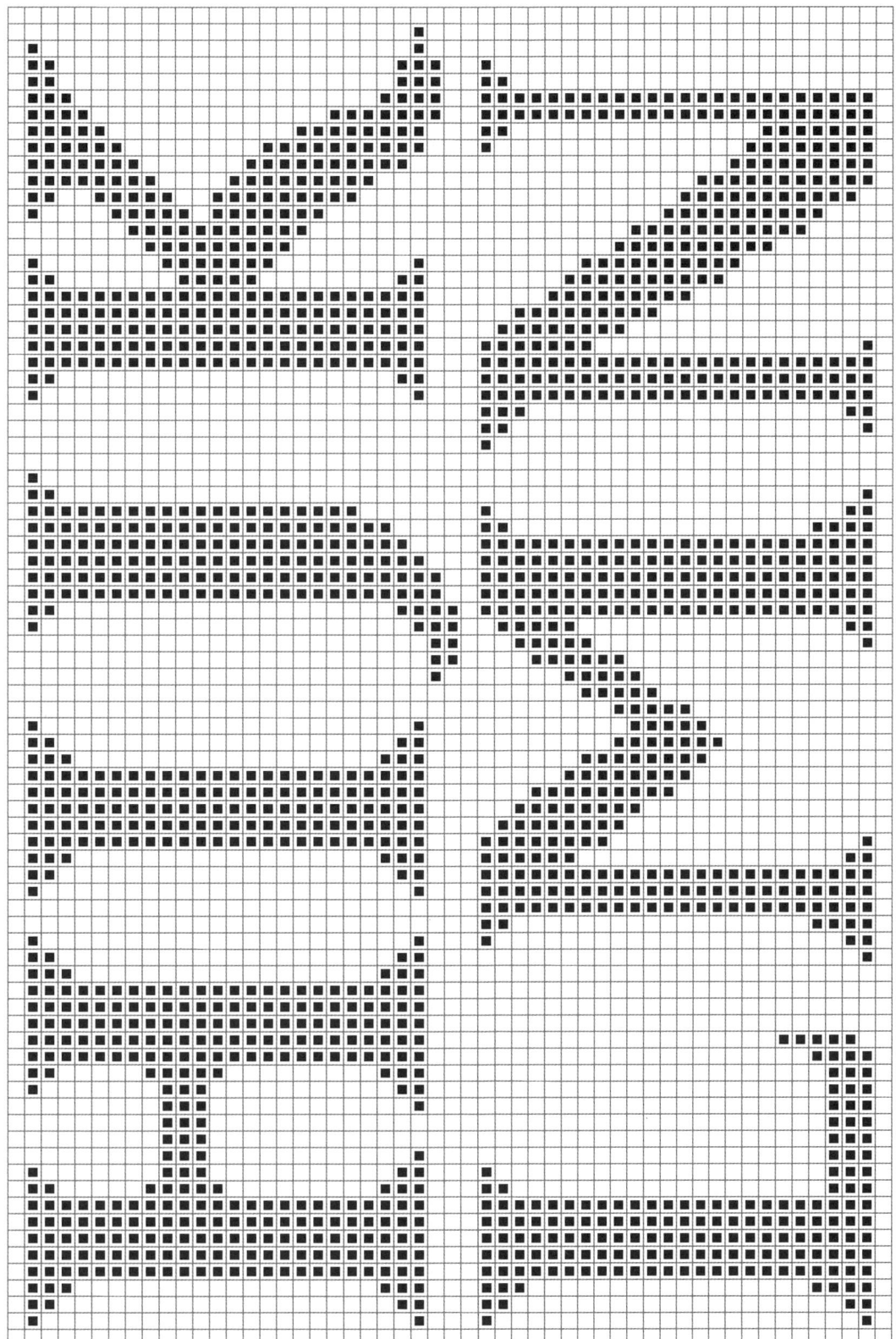

알파벳 템플릿

165

무민의 포옹
A BIG MOOMIN HUG

종아리 중간까지 올라오는 이 양말의 양말목에는 무민트롤이 엄마에게 위로받는 모습이 있습니다. 양말목의 페어아일 디자인은 래더 백 자카드 기법으로 제작했습니다. 발목단은 꼬아 고무뜨기로 떴으며, 뒤꿈치는 전통적인 보강된 걸러뜨기 뒤꿈치입니다. 발 길이를 원하는 대로 쉽게 조절할 수 있습니다.

디자이너 마리타 카를손

사이즈 UK 5/6(6½/7½), EU 38/39(40/41), US 여성 7½/8½(9/10), US 남성 6/7(7½/8½)

실
노비타 무미탈로 DK(8합/라이트 워스티드 굵기) 100g/225m
필리용크 599(색상A 빨강) 2볼, 무민트롤 007(색상B 흰색) 1볼

실 소요량
두 사이즈 모두 색상A 200g, 색상B 100g

바늘
3mm 장갑바늘 혹은 정확한 게이지를 얻는 데 필요한 호수의 바늘

기법
원통으로 꼬아고무뜨기:
뒷가닥에 넣어 겉뜨기1, 안뜨기1, *~*을 반복한다.

원통으로 메리야스뜨기:
모든 단 겉뜨기한다.

원통으로 페어아일 뜨기
무늬도안과 지시사항을 따라 메리야스뜨기한다. 4코 이상 걸쳐지는 플로트는 안면에서 실을 꼬아서 늘어지지 않게 잡아준다. 연속된 단에서 같은 위치에 플로트가 떨어지지 않도록 플로트 잡는 위치를 다양하게 할 것. 양말목의 플로트는 래더 백 자카드 기법으로 잡는다. 온라인에서 이 방법을 보여주는 동영상과 설명을 찾을 수 있다.

텐션(게이지) 페어아일 뜨기 29코=10cm

주의
양말은 발목단에서 발끝으로, 위에서 아래로 뜬다.

양말목

색상A 실을 사용해서 80(84)코 만든다. 4개의 바늘에 다음과 같이 코를 나눈다: 바늘1과 바늘4에 25(27)코씩, 바늘2와 바늘3에 15(15)코씩. 단의 시작은 양말 뒤쪽 바늘1과 바늘4 사이에 있다. 코가 꼬이지 않도록 조심하며 원통으로 이어서 4.5cm 꼬아고무뜨기한다. 겉뜨기로 1단 뜨는데, 단 전체에 고르게 분배해 4코 코줄임한다[총 76(80)코].

76(80)코 모두를 사용해 무늬도안 1단을 참고해서 페어아일 무늬를 뜨기 시작한다. 무늬도안의 2~62(2~67)단을 뜬다. 무늬도안에 표시된 곳에서 코줄임한다. **주의:** 큰 사이즈는 지시사항을 따를 때 항상 작은 사이즈의 코줄임 코를 겉뜨기 코로 취급하고 무늬도안 네모 칸에 보이는 색상의 실을 사용해서 작업한다.

색상B 실을 자른다. 색상A 실을 사용해서 양말의 나머지 부분을 작업한다.

각 바늘에 13(14)코씩 균등하게 나눈다.

뒤꿈치

바늘1의 코를 겉뜨기해 바늘4로 옮기면서 뒤꿈치를 뜨기 시작한다[힐플랩(26(28)코]. 바늘2와 바늘3에 남은 코를 쉼코로 둔다. 편물을 뒤집는다. 다음과 같이 걸러뜨기 무늬를 시작해 뒤꿈치를 보강한다:
1단(안면): (실을 편물 앞에 두고) 1코걸러뜨기, 단 끝까지 안뜨기한다. 편물을 뒤집는다.
2단(겉면): *(실을 편물 뒤에 두고) 1코걸러뜨기, 겉뜨기1*, *~*을 단 끝까지 반복한다. 편물을 뒤집는다.
1~2단을 총 13(14)회 반복한 다음 다시 1단을 뜬다[총 27(29)단].

다음과 같이 프렌치 힐(둥근 뒤꿈치)을 만들기 시작한다:
1단(겉면): (실을 편물 뒤에 두고) 1코걸러뜨기, 겉뜨기14(15), ssk코줄임, 겉뜨기1. 편물을 뒤집는다.
2단(안면): 안뜨기하듯이 1코걸러뜨기, 안뜨기5, 안뜨기로 2코 모아뜨기, 안뜨기1. 편물을 뒤집는다.
3단(겉면): 겉뜨기하듯이 1코걸러뜨기, 겉뜨기6, ssk코줄임, 겉뜨기1. 편물을 뒤집는다.
4단(안면): 안뜨기하듯이 1코걸러뜨기, 안뜨기7, 안뜨기로 2코 모아뜨기, 안뜨기1. 편물을 뒤집는다.

계속해서 양쪽 가장자리 모든 코를 코줄임할 때까지 이런 방식으로 코줄임하는데, 중심의 콧수는 매 단 1코씩 늘어난다. 안면 단을 1단 더 뜬다. **주의:** 큰 사이즈는 마지막 코줄임 후 단 끝에 겉뜨기1/안뜨기1 코가 남지 않을 것이다.

편물을 뒤집는다. 2개의 바늘에 8코씩 균등하게 뒤꿈치 코를 나눈다. 오른쪽 바늘의 코를 겉뜨기한다. 이 지점(뒷중심)이 이제 단 시작이다.

발

뒤꿈치의 왼쪽 바늘(바늘1)의 8코 겉뜨기한다. 여분의 바늘을 사용해서, 힐플랩의 왼쪽 가장자리를 따라 14(15)코+힐플랩과 바늘2 사이에서 1코 줍는다. 주운 코를 겉뜨기하면서 바늘 1로 옮기는데, 주운 코의 뒷가닥에 넣어서 겉뜨기한다. 바늘2와 바늘3의 코를 겉뜨기한다. 8코가 있는 바늘을 사용해서, 힐플랩의 오른쪽 가장자리를 따라 14(15)코+힐플랩과 바늘3 사이에서 1코 줍는다. 주운 코와 뒤꿈치 8코를 겉뜨기해 바늘4로 옮기는데, 주운 코의 뒷가닥에 넣어서 겉뜨기한다. 이제 총 72(76)코 있다.

계속해서 메리야스뜨기하면서 다음과 같이 거싯 코줄임한다: 바늘1 끝에서 왼코줄임하고 바늘4 시작에서 ssk코줄임한다. 각 바늘에 13(14)코 남을 때까지 2단마다 코줄임을 반복한다.

계속해서 양말의 발 부분이 약 20.5(22)cm가 될 때까지 혹은 신을 사람의 새끼발가락을 덮을 때까지 메리야스뜨기한다.

다음과 같이 헛간지붕 모양 발끝 코줄임을 시작한다:
바늘1과 바늘3: 3코 남을 때까지 겉뜨기한다, 왼코줄임, 겉뜨기1.
바늘2와 바늘4: 겉뜨기1, ssk코줄임, 단 끝까지 겉뜨기한다.

앞에서 한 방식대로 총 36코 남을 때까지 2단마다 코줄임한다. 총 16코 남을 때까지 매 단 코줄임한다.

남은 코를 2개의 바늘에 균등하게, 위쪽 바늘에 8코 아래쪽 바늘에 8코로 나눈다. 서로 메리야스잇기한다. 온라인에서 이 방법을 보여주는 동영상과 설명을 찾을 수 있다.

두 번째 양말
첫 번째 양말과 동일하게 뜬다.

마무리
실을 정리한다. 조심해서 양말을 적셔서, 평평한 곳에 펼쳐 치수에 맞춰 블로킹한다. 마르도록 둔다. 필요하다면 가볍게 스팀 블로킹한다.

무늬도안

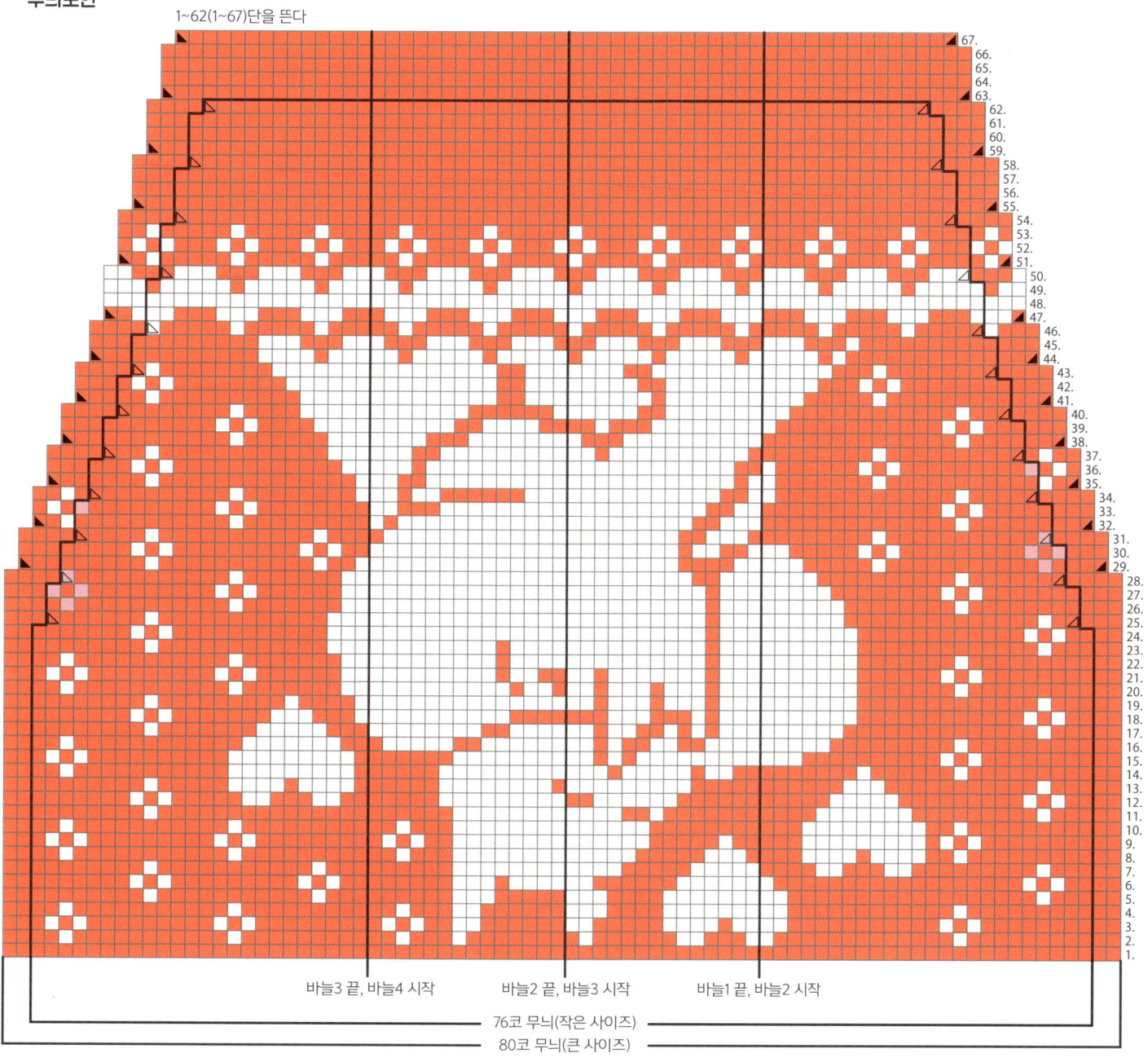

바다의 밤
NIGHT AT SEA

무민파파가 바다를 바라보며 아쉬워하는 모습이 담긴 양말이에요. 발목 길이로 뜨기 쉬워서 초급 페어아일 뜨기 프로젝트에 안성맞춤입니다. 파도의 하얀 마루, 배의 타륜, 무민파파는 나중에 덧수로 수놓습니다.

디자이너 소냐 뉘케넨

사이즈 UK 4, EU 37, US 여성 6½, US 남성 5

실
노비타 무미탈로 DK(8합/라이트 워스티드 굵기) 100g/225m
무민트롤 007(색상A 흰색), 그로크 176(색상B 파랑), 스노크 152(색상C 하늘색) 각 1볼
수놓을 때 사용할 스팅키 099(색상D 검정) 소량

실 소요량
색상A·C 각 50g, 색상B 100g

바늘
3mm 장갑바늘 혹은 정확한 게이지를 얻는 데 필요한 호수의 바늘

기법
원통으로 *꼬아고무뜨기*:
뒷가닥에 넣어 겉뜨기1, 안뜨기1, *~*을 반복한다.

원통으로 *메리야스뜨기*:
모든 단 겉뜨기한다.

원통으로 *페어아일 뜨기*:
무늬도안과 지시사항을 따라 메리야스뜨기한다. 3코 이상 걸쳐지는 플로트는 안면에서 실을 꼬아서 늘어지지 않게 잡아준다. 연속된 단에서 같은 위치에 플로트가 떨어지지 않도록 플로트 잡는 위치를 다양하게 할 것.

텐션(게이지) 메리야스뜨기 25코=10cm

주의
양말은 발목단에서 발끝으로, 위에서 아래로 뜬다. 파도의 하얀 마루, 배의 타륜, 무민파파는 양말을 뜬 후 덧수로 수놓는다.

양말목

색상A 실을 사용해서 52코 만든다. 4개의 바늘에 13코씩 균등하게 나눈다. 단의 시작은 양말 뒤쪽 바늘1과 바늘4 사이에 있다. 코가 꼬이지 않도록 조심하며 원통으로 이어서 꼬아고무뜨기로 3cm 뜬다. 색상B 실로 바꿔 원통으로 메리야스뜨기로 7cm 뜬다.

무늬도안1을 참고해서 덧수 기법으로 양말목의 바깥쪽에 배의 타륜을 수놓는다. 이 디자인은 고무뜨기 후 5단에서 시작한다. 왼쪽 양말에서 디자인의 중심 코는 바늘4의 첫 번째 코이고, 오른쪽 양말에서는 바늘1의 마지막 코이다.

무늬도안1

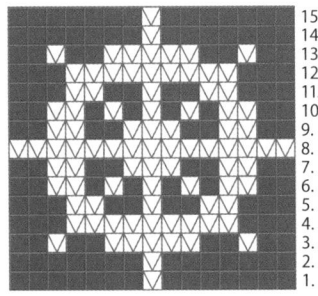

☐ =색상A 실을 사용해서 덧수로 수놓는다

뒤꿈치

바늘1의 코를 겉뜨기해 바늘4로 옮기며 뒤꿈치를 만들기 시작한다(힐플랩 26코). 바늘2와 바늘3에 남은 코를 쉼코로 둔다. 편물을 뒤집는다. 겉뜨기2, 안뜨기22, 겉뜨기2. 편물을 뒤집는다. 다음과 같이 가장자리는 가터뜨기로 뜨고 걸러뜨기 무늬를 시작해 뒤꿈치를 보강한다:

1단(겉면): 겉뜨기2, *(실을 편물 뒤에 두고) 1코걸러뜨기, 겉뜨기1*, 2코 남을 때까지 *-*을 반복한다, 겉뜨기2. 편물을 뒤집는다.
2단(안면): 겉뜨기2, 2코 남을 때까지 안뜨기한다, 겉뜨기2. 편물을 뒤집는다.
1~2단을 총 13회 반복한다(총 26단).

다음과 같이 코줄임을 시작해 뒤꿈치 모양을 만든다:
계속해서 이전과 동일한 걸러뜨기 무늬로 뒤꿈치를 보강한다.

겉면 단에서 시작해서, 왼손 바늘에 9코 남을 때까지 무늬대로 뜬다, 오른코줄임, 편물을 뒤집는다.
안뜨기하듯이 1코걸러뜨기, 왼손 바늘에 9코 남을 때까지 안면에서 8코 안뜨기한다. 안뜨기로 2코모아뜨기, 편물을 뒤집는다. **주의**: 단이 짧아졌기 때문에 이제 가장자리를 뜰 가터뜨기 코가 없다.
겉면 단에서 시작해, 겉뜨기하듯이 1코걸러뜨기, 왼손 바늘에 8코 남을 때까지 무늬대로 뜬다, 오른코줄임, 편물을 뒤집는다.

계속해서 앞에서 한 방식대로 앞뒤로 편물을 뒤집어가며 평뜨기로 작업한다. 즉 단의 첫 번째 코는 항상 걸러뜨기하고, 겉면 단 끝에서는 오른코줄임하고, 안면 단 끝에서는 안뜨기로 2코모아뜨기한다. 중심에는 항상 10코가 남아 있고 양쪽 가장자리의 콧수는 매 단 1코씩 줄어든다. 안면 단에서 중심 양옆의 코가 모두 소진되어 코줄임이 끝나면, 겉면에서 겉뜨기로 5코 뜬다. 이 지점(뒷중심)이 이제 단 시작이다.

발

뒤꿈치의 왼쪽 바늘(바늘1)의 5코 겉뜨기한다. 여분의 바늘을 사용해서, 힐플랩의 왼쪽 가장자리를 따라 13코+힐플랩과 바늘2 사이에서 1코 줍는다. 주운 코를 겉뜨기하면서 바늘 1로 옮기는데, 주운 코의 뒷가닥에 넣어서 겉뜨기한다. 바늘2와 바늘3의 코를 겉뜨기한다. 5코가 있는 바늘을 사용해서, 힐플랩의 오른쪽 가장자리를 따라 13코+힐플랩과 바늘3 사이에서 1코 줍는다. 주운 코와 뒤꿈치의 5코를 겉뜨기해 바늘4로 옮기는데, 주운 코의 뒷가닥에 넣어서 겉뜨기한다. 이제 총 64코 있다.

계속해서 메리야스뜨기하면서 다음과 같이 거짓 코줄임한다: 바늘1 끝에서 왼코줄임하고, 바늘4 시작에서 오른코줄임한다. 이 코줄임을 총 52코 남을 때까지 2단마다 반복한다.

무늬도안2A를 참고해서 다음과 같이 메리야스뜨기로 페어아일 무늬를 작업한다: 페어아일 무늬도안 1~3단을 뜬다, 색상C 실을 사용해서 메리야스뜨기로 4~22단 뜬다, 페어아일 무늬로 23~25단 뜬다. **주의**: 파도의 하얀 마루는 처음에 색상C 실을 사용해서 뜬 다음 색상A 실을 사용해서 덧수로 수놓을 것이다. 무민파파에 가려지게 될 파도 무늬도 양옆과 동일한 무늬로 뜬다. 색상B 실을 사용해서 메리야스뜨기로 6단 작업한다(무늬도안

2A의 26~31단). 파도의 하얀 마루와 무민파파 윗부분을 무늬도안을 참고해서 수놓는다.

계속해서 메리야스뜨기하면서 다음과 같이 헛간지붕 모양 발끝 코줄임한다:
바늘1과 바늘3: 3코 남을 때까지 겉뜨기한다, 왼코줄임, 겉뜨기1.
바늘2와 바늘4: 겉뜨기1, 오른코줄임, 단 끝까지 겉뜨기한다.

앞에서 한 방식대로 총 28코 남을 때까지 2단마다 코줄임한다. 이제 무늬도안을 참고해서 무민파파의 남은 부분을 수놓는다. 총 8코 남을 때까지 매 단 발끝 코줄임을 반복한다. 실을 자르고 남은 코 사이로 통과시킨다.

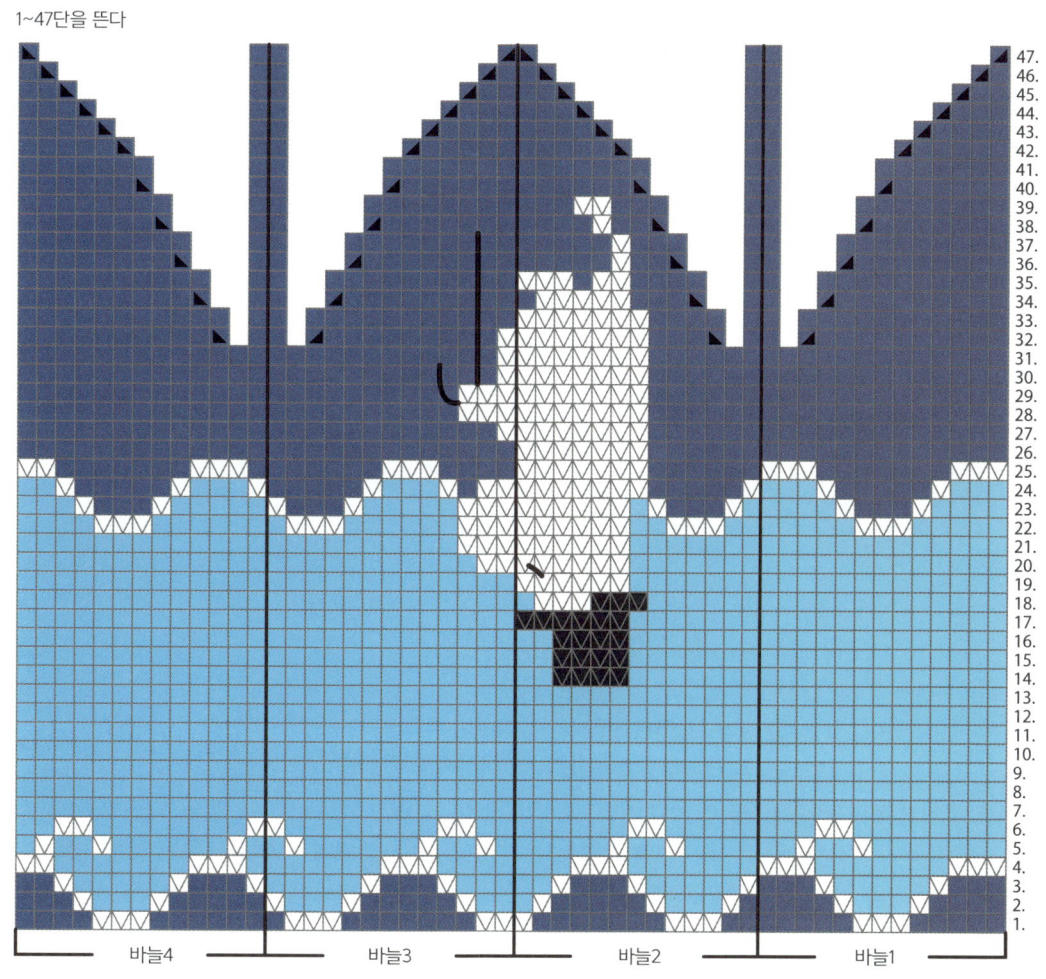

무늬도안2A

두 번째 양말

첫 번째 양말과 동일한 방법으로 뜨는데 배의 타륜을 반대쪽 위치에 뜨고, 발등 부분은 무늬도안2B를 참고해서 수놓는다.

마무리

실을 정리한다. 조심해서 양말을 적셔서, 평평한 곳에 펼쳐 치수에 맞춰 블로킹한다. 마르도록 둔다. 필요하다면 가볍게 스팀 블로킹한다.

■ =겉뜨기(색상B)
■ =겉뜨기(색상C)
◤ =왼코줄임(색상B)
◣ =겉뜨기하듯이 1코걸러뜨기, 색상B 실을 사용해서 겉뜨기1, 걸러뜨기한 코를 겉뜨기한 코 위로 덮어씌운다
▽ =색상A 실을 사용해서 덧수로 수놓는다
▼ =색상D 실을 사용해서 덧수로 수놓는다
◩ =색상D 실을 사용해서 백 스티치로 수놓는다

무늬도안2B

1~47단을 뜬다

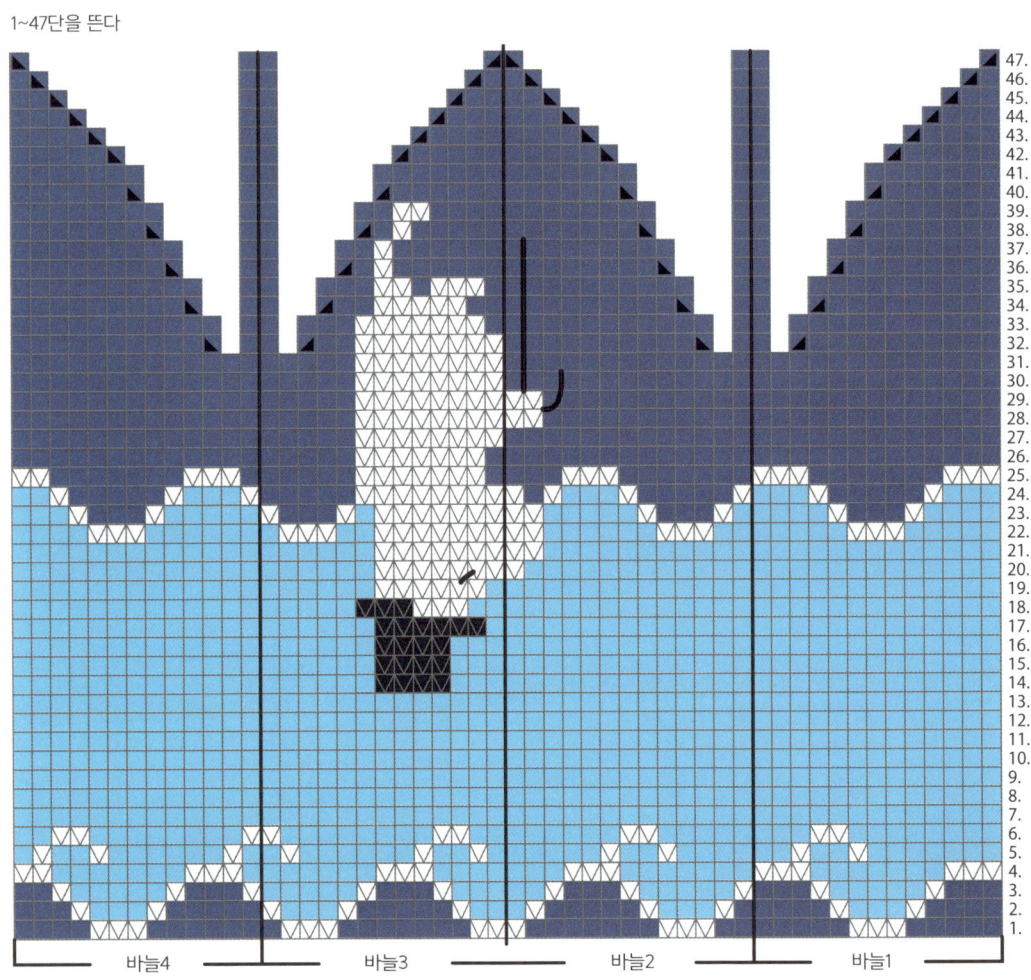

"절대적으로 확신할 수 있는 것이 몇 가지 있습니다. 해류, 계절, 해가 뜨는 것… 그리고 등대가 항상 작동할 거라는 것도 그렇지요."

《무민파파와 바다》